रफ़ीक़ ज़करिया

जन्म : 5 अप्रैल, 1920।

डॉ. रफ़ीक़ ज़करिया विधि, शिक्षा, पत्रकारिता, राजनीति और इस्लाम से जुड़े विषयों के आधिकारिक विद्वान थे। उन्होंने स्नातकोत्तर परीक्षा मुम्बई विश्वविद्यालय से स्वर्णपदक के साथ उत्तीर्ण की और बाद में लन्दन विश्वविद्यालय से विशेष प्रतिष्ठा के साथ पीएच.डी. की उपाधि ग्रहण की। स्वतंत्रता-संघर्ष के साथ छात्र-जीवन से ही जुड़े रहे। अच्छे वकील के रूप में ख्याति प्राप्त करने के बाद महाराष्ट्र विधान परिषद् में चुने गए और 1962 के बाद से पन्द्रह वर्षों तक राज्य सरकार में कैबिनेट मंत्री रहे। 1978 में सांसद बने और संसद में कांग्रेस के उपनेता का पद सँभाला। बाद में प्रधानमंत्री के विशेष दूत के रूप में उन्होंने 1984 में इस्लामी देशों का काफ़ी महत्त्वपूर्ण दौरा किया। 1965, 1990 और 1996 में तीन बार उन्होंने संयुक्त राष्ट्र में भारत का प्रतिनिधित्व किया।

अन्तरराष्ट्रीय प्रतिष्ठाप्राप्त विद्वान डॉ. ज़करिया ने 'ए स्टडी ऑफ़ नेहरू' समेत बीस से अधिक पुस्तकें लिखीं। सलमान रश्दी की किताब 'सेटेनिक सर्वेज़' के प्रत्योत्तर में लिखी उनकी पुस्तक 'मोहम्मद एंड क़ुरान' को विश्वव्यापी ख्याति मिली है। वे विभिन्न सामाजिक और शैक्षिक संगठनों से जुड़े रहे। मुम्बई और औरंगाबाद में उन्होंने एक दर्जन से ज़्यादा उच्चशिक्षा संस्थानों की स्थापना भी की।

उनकी प्रमुख प्रकाशित पुस्तकें हैं—'ए स्टडी ऑफ़ नेहरू', 'रज़िया : द क्वीन ऑफ़ इंडिया', 'राइज ऑफ़ मुस्लिम्स इन इंडियन पॉलिटिक्स', 'हंड्रेड ग्लोरियस इयर्स', 'प्राइस ऑफ़ पावर', 'स्ट्रगल विदिन इस्लाम', 'ट्रायल ऑफ़ बेनज़ीर', 'मोहम्मद एंड क़ुरान', 'इक़बाल : ए पोएट एंड द पॉलिटिशियन', 'द वाइडनिंग डिवाइड', 'सरदार पटेल एंड इंडियन मुस्लिम्स', 'द प्राइस ऑफ़ पार्टीशन', 'गांधी एंड द ब्रेकअप ऑफ़ इंडिया' आदि।

निधन : 9 जुलाई, 2005

आ नो भद्राः क्रतवो यन्दु विश्वतः

—ऋग्वेद

सरदार पटेल
तथा
भारतीय मुसलमान

विभाजन के पूर्व एवं पश्चात् मुसलमानों से
पटेल के सम्बन्धों का विश्लेषण

रफ़ीक़ ज़करिया

अनुवाद
विश्वनाथ सचदेव

राजकमल पेपरबैक्स

पहला पुस्तकालय संस्करण
राजकमल प्रकाशन प्राइवेट लिमिटेड द्वारा
1998 में प्रकाशित

राजकमल पेपरबैक्स में
पहला संस्करण : 2020
दूसरा संस्करण : 2023

राजकमल पेपरबैक्स : उत्कृष्ट साहित्य के जनसुलभ संस्करण

राजकमल प्रकाशन प्रा.लि.
1-बी, नेताजी सुभाष मार्ग, दरियागंज
नई दिल्ली-110 002
द्वारा प्रकाशित

शाखाएँ : अशोक राजपथ, साइंस कॉलेज के सामने, पटना-800 006
पहली मंजिल, दरबारी बिल्डिंग, महात्मा गांधी मार्ग, प्रयागराज-211 001
1, अनमोल सोराबजी सन्तुक लेन, धोबी तलाव, मरीन लाइंस, मुम्बई-400 002

वेबसाइट : www.rajkamalprakashan.com
ई-मेल : info@rajkamalprakashan.com

बी.के. ऑफसेट
नवीन शाहदरा, दिल्ली-110 032
द्वारा मुद्रित

मूल्य : ₹199

SARDAR PATEL TATHA BHARTIYA MUSALMAN
by Rafiq Zakaria

ISBN : 978-93-89577-47-1

दो भारतीय बहादुरों की स्मृति में

एक वह, जिसने झंगर में अपने सैनिकों की रक्षा के लिए पाकिस्तानी तोप के गोले झेलते हुए 1948 में श्रीनगर में अपने प्राण न्योछावर कर दिए।

और दूसरा वह, जिसने पाकिस्तानी टैंकों को वाघा सीमा पर भारत पर आक्रमण करते देखकर अपने शरीर पर विस्फोटक बाँधकर 1965 में एक पूरे पाकिस्तानी टैंक दस्ते को उड़ा दिया था और स्वयं भी चिंदी-चिंदी हो गया।

मैं अपना यह विनम्र प्रयास इन बहादुर और देशभक्त युवाओं को
इस आशा के साथ मैं समर्पित करता हूँ कि इससे भारत के
हिन्दुओं व मुसलमानों के रिश्ते मज़बूत होंगे।

इनमें से एक का नाम था
ब्रिगेडियर मुहम्मद उस्मान
और दूसरा था
हवलदार अब्दुल हमीद ख़ान

इन दोनों को भारत के राष्ट्रपति ने
सर्वोच्च सैनिक सम्मान
परमवीर चक्र (मरणोपरांत)
प्रदान किया था।

क्रम

प्रकाशकीय

यह पुस्तक लेखक द्वारा 29 व 30 अक्टूबर, 1996 को सरदार पटेल स्मृति व्याख्यान के अन्तर्गत नेशनल म्यूजियम, नई दिल्ली के सभागार में दिए गए भाषणों पर आधारित है, जिन्हें 31 अक्टूबर एवं 1 नवम्बर, 1996 को आकाशवाणी के राष्ट्रीय कार्यक्रम में प्रसारित किया गया था। पुस्तक को अधिक व्यापक बनाने के लिए इसमें अतिरिक्त सामग्री जोड़ी गई है।

प्रस्तावना

भारतीय विद्या भवन ने मेरे पास डॉ. रफ़ीक़ ज़करिया की लिखी हुई 'सरदार पटेल तथा भारतीय मुसलमान' पुस्तक का हिन्दी अनुवाद भेजा है। विद्वान अनुवादक यह चाहते हैं कि मैं पुस्तक में आमुख के दो शब्द लिखूँ।

सरदार पटेल से मेरा घनिष्ठ परिचय सन् 1923 के नागपुर के झंडा-सत्याग्रह से है। सरदार पटेल न केवल गांधी जी के प्रबल भक्त थे वरन् महात्मा गांधी के जो बुनियादी कार्यक्रम थे, हिन्दू-मुस्लिम एकता, अस्पृश्यता निवारण और ग्राम स्वावलंबन, इन तीनों पर उनका अटल विश्वास था। बारदोली सत्याग्रह के समय उनका व्यवहार निष्पक्ष रहा।

जवाहरलाल जी 1927 में अपने यूरोपीय प्रवास के बाद जब भारत वापस लौटे तो सीधे मद्रास कांग्रेस अधिवेशन में शामिल होने के लिए गए। वहाँ उन्होंने पूर्ण स्वाधीनता का प्रस्ताव पेश किया और उसे पास कराया। गांधी जी उस अधिवेशन में नहीं थे। उस प्रस्ताव पर उन्होंने अपनी तीखी प्रतिक्रिया व्यक्त की। उस समय जवाहरलाल जी के विचारों में और गांधी जी के विचारों में तीव्र मतभेद दिखाई देने लगा। सरदार पटेल बेहद स्पष्ट वक्ता थे। नेहरू जी और सरदार पटेल के मतभेद उसी दरजे बढ़ते गए। नेहरू जी के पक्ष में उनके अनुयायियों ने एक दलील यह भी दी कि सरदार पटेल साम्प्रदायिक सद्‌भावना के मामले में मुसलमानों के प्रति उतने उदार नहीं हैं। इस प्रचार को उनके कम्युनिस्ट विरोधियों ने और ज्यादा बढ़ाया, जिस तरह उन्होंने हिटलर के साथ युद्ध को अपना युद्ध मान लिया था।

गांधी जी ने अपनी शहादत की पूर्वसंध्या पर सरदार पटेल को एकान्त में बैठाकर इस बात पर बहुत जोर दिया कि सरदार पटेल को पूरी तरह नेहरू के साथ होना चाहिए। अगर यह नहीं होता तो भारत का भविष्य अन्धकारमय होगा। अन्त

में जब उनसे यह वचन ले लिया कि वे नेहरू को अपना नेता मानेंगे और उनकी इच्छा के अनुकूल काम करेंगे तब गांधी जी अपनी शाम की प्रार्थना में 10 मिनट लेट शामिल होने गए।

नेहरू उस बातचीत में शामिल नहीं थे, उनसे गांधी जी बाद में बात करनेवाले थे, मगर वह मौका ही नहीं आया। भावी भारत कैसे बने, इसको बनाने की जिम्मेवारी पूरी तरह पटेल और नेहरू पर आ पड़ी। पटेल ने अपने वचन के मुताबिक नेहरू का पूरा-पूरा साथ दिया। डॉ. रफ़ीक़ ज़करिया ने बड़े उदार और मार्मिक शब्दों में मुसलमानों के प्रति सरदार पटेल की निष्पक्षता की सफाई देने का प्रयत्न किया है। गांधी जी के बलिदान के बाद सरदार पटेल ने बिना पक्षपात के हिन्दू-सिक्ख साम्प्रदायिकता जिस तरह सिर उठा रही थी, उसे कुचल देना चाहा, किन्तु दोनों तरफ हिन्दुस्तान और पाकिस्तान से आते हुए शरणार्थियों को जिस तरह कत्ल किया गया, इन दृश्यों ने दृढ़ से दृढ़ इच्छाशक्ति रखनेवाले लोगों के दिलों को भी विचलित कर दिया। गृहमंत्री की हैसियत से सरदार पटेल ने न्यायप्रिय कड़े कदम उठाने में कोई कोताही नहीं की। फिर भी सोशलिस्ट और कम्युनिस्ट नेतृत्व उन पर साम्प्रदायिकता का दोष मढ़ता रहा।

सोमनाथ मन्दिर के निर्माण को लेकर गुजरात का कांग्रेस नेतादल धर्म की राजनीति में उलझ गया। कन्हैयालाल माणिकलाल मुंशी इसमें बढ़-चढ़कर भाग ले रहे थे। राजेन्द्र बाबू और श्री वल्लभभाई पटेल को भी इसमें शामिल होना पड़ा।

उनके जीवन की सभी घटनाओं को उलटने-पलटने के बाद एक निष्पक्ष व्यक्ति को कहीं साम्प्रदायिकता दिखाई नहीं देगी, किन्तु साथ के कार्यकर्ता साम्प्रदायिक भावना से ओतप्रोत हों तो नेता का नाम भी उसमें लपेट दिया जाता है। वल्लभभाई के सिर पर साम्प्रदायिकता का दोष रखने में पहले राष्ट्रीय मुस्लिम नेताओं ने और बाद में सोशलिस्ट और कम्युनिस्ट नेताओं ने खुलकर भाग लिया। इसीलिए वल्लभभाई की छवि जब भी उभरती है, उसमें साम्प्रदायिकता का रंग नजर आता है, लेकिन वास्तव में साम्प्रदायिकता उन्हें छू भी नहीं गई थी।

—डॉ. बिशंभरनाथ पांडे

गांधी स्मृति,
नई दिल्ली

परिचय

यह भाग्य की क्रूर विडम्बना ही है कि भारत की स्वतंत्रता के 50वें साल में देश में ऐसे राजनीतिक व्यक्तित्वों का अभाव हो जो अपनी सूझबूझ, दूरदर्शिता एवं दृढ़ निश्चय के साथ देश को उस सुरक्षित एवं समृद्ध भविष्य की ओर ले जाएँ, जिसका सपना हमें स्वतंत्रता दिलाने वाले एवं नैतिक मूल्यों के प्रति पूर्ण प्रतिबद्ध महात्मा गांधी ने देखा था। आज देश में भ्रष्टाचार, अपराधीकरण, साम्प्रदायिकता एवं जातीयता का बोलबाला है; और हमारा सार्वजनिक जीवन अधोगति के निम्नतम स्तर को छू रहा है।

अशान्ति और विक्षोभ के इस वातावरण में सभ्यता एवं संस्कृति की पाँच हज़ार वर्ष की निरन्तरता वाले इस महान देश को आज अपने ऐसे महान नेताओं से प्रेरणा लेने की आवश्यकता है, जिन्होंने भारत को विदेशी दासता से मुक्त कराने के लिए निःस्वार्थ भाव से अपने जीवन और प्राणों की बलि दी। ऐसे ही नेताओं ने देश की जनता को महान लक्ष्यों तक पहुँचने का अहसास कराया था।

सरदार वल्लभभाई पटेल ऐसे ही महान व्यक्तित्वों में से एक थे। आधुनिक भारत के लिए सरदार पटेल की प्रासंगिकता कभी खत्म नहीं होगी। यदि वे न होते तो भारत भी आज वह न होता, जो वह है।

डॉक्टर राजेन्द्र प्रसाद ने 16 मई, 1959 को अपनी डायरी में लिखा था :

> ''आज यदि हम एक भारत के बारे में सोच रहे हैं या बात कर रहे हैं तो इसका बहुत हद तक श्रेय सरदार पटेल की राजनीतिमत्ता एवं कुशल प्रशासन को है।'' फिर जैसे भविष्यवाणी-सी करते हुए उन्होंने लिखा था, ''फिर भी, हम ऐसे हैं कि उनकी अवहेलना करेंगे। हम आज यही कर रहे हैं।''

भारत की एकता और एकात्मता तथा हिन्दू-मुसलमान भाईचारे के प्रति सरदार पटेल की कट्टर निष्ठा अपने आप में एक उदाहरण है। उनकी देशभक्ति सन्देह से परे थी और उनका राष्ट्रवाद भी असंदिग्ध था। इसके बावजूद छद्म धर्मनिरपेक्षतावादियों ने 'राष्ट्रवाद के हत्यारों' के इस कट्टर शत्रु पर खुलेआम साम्प्रदायिकता तथा हिन्दू समर्थक होने के आरोप लगाए। यहाँ तक कि मौलाना अबुल कलाम आज़ाद व जयप्रकाश नारायण जैसे उनके सहयोगी भी ऐसे आरोप लगाने वालों में सम्मिलित थे। हालाँकि, इन दोनों ने बाद में बड़ी उदारता से यह स्वीकार किया कि पटेल के बारे में उनकी राय गलत थी।

वस्तुतः सरदार पटेल के दिल में किसी भी जाति या पंथ के प्रति पक्षपात की भावना अथवा संकुचित अनुदारता के लिए जगह ही नहीं थी। जैसा कि गांधी जी ने उनके बारे में कहा था, ''सरदार को मुसलमान-विरोधी कहना सच्चाई का उपहास उड़ाना होगा।'' सरदार का दिल इतना बड़ा था कि उसमें सब समा सकते थे।

स्वतंत्रता संघर्ष के दौरान सरदार हमेशा इस बात पर जोर देते रहे कि ''हिन्दू-मुसलमान एकता एक कोमल पौधे जैसी है। इसे हमें लम्बी अवधि तक बड़े ध्यान से पालना होगा, क्योंकि हमारे दिल अभी उतने साफ नहीं हैं, जितने होने चाहिए।''

संविधान-प्रारूप समिति के एक महत्त्वपूर्ण सदस्य डॉ. के.एम. मुंशी एवं कांग्रेस के पूर्व अध्यक्ष राजर्षि पुरुषोत्तमदास टंडन सरदार पटेल के बहुत नजदीकी थे और ये दोनों संविधान की मूलभूत अधिकारों वाली धारा में 'प्रचारित करना' शब्द जोड़ने के तीव्र विरोधी थे। लेकिन सारे विरोध के बावजूद वल्लभभाई ने अपनी समूची प्रतिष्ठा एवं प्रभाव दाँव पर लगाकर संविधान की धारा 25 में भारत के सभी धर्मों के मूलभूत अधिकार के रूप में 'प्रचारित करना' शब्द को जुड़वाया। वे संविधान सभा की अल्पसंख्यक समिति के भी अध्यक्ष थे। इस समिति में उन्होंने सर्वधर्म मैत्री को प्रमुखता देने पर बल दिया।

सरदार पटेल जीवन भर एक संयुक्त भारत की सम्भावनाओं को साकार करने में लगे रहे। वे इस तथ्य को कभी नहीं भुला पाए कि विभाजन भूलतः गलत था। उन्हें लगता था कि यह विभाजन इस वास्तविकता को नष्ट कर

देगा कि हम एक और अविभाज्य हैं : ''आप समुद्र या नदियों के पानी विभाजित नहीं कर सकते। जहाँ तक मुसलमानों का प्रश्न है, उनकी जड़ें, उनके पवित्र स्थान और उनके केन्द्र यहीं हैं। मैं नहीं जानता कि पाकिस्तान में वे करेंगे क्या?''

विभाजन के बाद भी सरदार ने कहा था :

> ''मुझे याद है कि भारत ने किस तरह वर्षों तक संघर्ष करके व पीड़ा भोगकर आज़ादी प्राप्त की और विदेशी शासन का जुआ अपने कन्धों से उतार फेंका। इस संघर्ष में भाग लेने वाले हम सबने यह संघर्ष यह सोचकर किया था कि स्वतंत्रता प्राप्ति के बाद भारत में एक अच्छी सरकार बनेगी। जब हमने विभाजन स्वीकार किया, तब इसके पीछे यह ईमानदार आकांक्षा थी कि अब हम प्रगति को असम्भव बनाने वाले तत्त्वों से मुक्त होकर अपनी मुक्ति के लिए काम कर सकेंगे। इसके साथ ही हमने पाकिस्तान की बेहतरी की कामना की थी और हमें यह आशा थी कि स्थिर स्थितियों में, जब उन्हें यह अहसास हो जाएगा कि हम वास्तव में भाई हैं, भिन्न आस्थाओं और सिद्धान्तों वाले दो देश नहीं, तो वे हमारे पास लौट आएँगे।''

दूरदर्शी देशभक्त एवं संत महायोगी श्री अरविन्द सरदार पटेल तथा स्वतंत्र भारत के अन्य निर्माताओं की इस आकांक्षा के सहभागी थे। उन्हें विश्वास था कि पृथक् हुए दोनों हिस्से अन्ततः फिर से मिलकर सबके सपनों का भारत बनाएँगे।

आकाशवाणी के आग्रह पर भारतीय स्वतंत्रता की प्रभात-बेला के लिए दिए गए सन्देश में महर्षि अरविन्द ने कहा था, ''भारत आज स्वतंत्र तो है, पर अभी वह एक नहीं हो पाया...ऐसा लगता है कि हिन्दू और मुसलमान का पुराना साम्प्रदायिक विभाजन देश के स्थायी राजनीतिक विभाजन के रूप में पक्का हो गया है। आशा की जानी चाहिए कि यह स्वीकृत तथ्य सदा-सर्वदा के लिए स्वीकृत नहीं माना जाएगा।

''आइए, हम यह आशा करें कि न केवल शान्ति एवं समझौते की आवश्यकता को समझकर बल्कि सामूहिक कृत्य से एवं इस उद्‌देश्य की पूर्ति के साधनों के सृजन से यह (कल्पना) स्वाभाविक रूप से साकार होगी...।''

महायोगी ने यह भी आशा की थी कि विभाजित भारत एक बार फिर, ''किसी भी रूप में—सुनिश्चित रूप व्यावहारिक ही होगा,'' एक होगा, पर जैसा कि श्री अरविन्द ने स्पष्ट किया, यह बात ''बुनियादी महत्त्व की नहीं है।'' उन्होंने घोषणा की थी कि ''तरीका चाहे जो भी अपनाया जाए, विभाजन समाप्त होना ही चाहिए। एकता स्थापित होनी ही चाहिए और स्थापित होगी क्योंकि भारत की महानता के लिए यह आवश्यक है।''

महात्मा गांधी के नेतृत्व में भारतीय-स्वातंत्र्य की तीर्थयात्रा में सम्मिलित सभी सेनानियों के लिए विभाजन का निर्णय हृदय-विदारक था। अन्ततः जब विभाजन को स्वीकार कर लिया गया तो श्री अरविन्द ने आजीवन अनुयायी रहे बड़ौदा कॉलेज के अपने छात्र डॉ. के.एम. मुंशी को कहा था, ''बनने के 25 वर्ष के भीतर ही पाकिस्तान टूट जाएगा।'' और दिसम्बर 1971 में, पाकिस्तान के जन्म के 25वें वर्ष में, बांग्लादेश के उदय से पाकिस्तान टूट गया।

परमहंस श्री रामकृष्ण के शिष्य स्वामी विवेकानन्द ने 11 सितम्बर, 1893 को शिकागो में आयोजित धर्मों की विश्व-कांग्रेस में घोषणा की थी कि ''हम सब धर्मों को सच मानते हैं।''

मनुष्य मात्र के लिए धर्म एक मूलभूत आवश्यकता है; और कट्टरता एवं धर्मोन्माद से यदि इसे मुक्त रखा जाए तो यह नीति, नैतिकता, दया, भलाई एवं सामाजिक व आर्थिक न्याय का कभी समाप्त न होने वाला झरना है और साथ ही मनुष्य को सभ्य बनाने का सर्वाधिक महत्त्वपूर्ण माध्यम भी।

चूँकि पाकिस्तान को मुसलमान राज्य घोषित कर दिया गया था, इसलिए वल्लभभाई पर इस बात के लिए लगातार दबाव डाला जा रहा था कि वे भारत को हिन्दू राष्ट्र घोषित करें। वे अन्त तक इस माँग का विरोध करते रहे। एस. गोपाल ने सही ही लिखा है कि ''अक्सर पटेल को हिन्दू-राष्ट्रवाद का समर्थक बताया जाता है, पर वास्तविकता यह है कि उनकी सबसे बड़ी चिन्ता राष्ट्रीय एकता थी।''

दुर्भाग्यवश, भारत ने सरदार पटेल को लगभग भुला दिया है। जबकि दुनिया के अन्य राष्ट्र अपनी विरासत व इतिहास को किसी भी कीमत पर बचाने एवं सुरक्षित रखने में लगे हुए हैं, हम भारतीयों को जैसे अपने महान

अतीत के प्रत्येक चिह्न को मिटाने का वरदान मिला हुआ है—राष्ट्र के महान व्यक्तित्वों को, उनके बलिदान एवं उनके द्वारा की गई राष्ट्र की सेवा को हम भूल चुके हैं। अपने नेताओं की स्मृति में जो इमारतें एवं स्मारक हमने बनाए थे, वे मिट्टी में मिल रहे हैं, गलियों और नगरों के नाम बदलना हमारी राष्ट्रीय सनक बन गया है। हर परिवर्तन को हम प्रगति समझ लेते हैं।

सत्ता के संघर्ष में क्षेत्र, धर्म, जातियों और उपजातियों के नाम पर वोट बैंक बनाए जाते हैं; पर क्या इस प्रक्रिया में राष्ट्र का कुछ लाभ हुआ? संविधान की दुहाई तो दी जाती है, पर वही लोग जो इसकी रक्षा का दावा करते हैं, संविधान के मूल-आधारों को छिन्न-भिन्न कर रहे हैं। मैं विनम्रतापूर्वक यह सुझाव देना चाहता हूँ कि स्वतंत्रता-प्राप्ति की अर्थपूर्ण स्वर्ण-जयंती मनाने का एक ही तरीका है—हम अपने राष्ट्र-निर्माताओं की शिक्षाओं एवं कृतित्व को समझने का प्रयास करें। सभी धर्माचार्य और राजनेता एकत्र हों एवं मिलकर मात्र देश के बारे में सोचें, जो कुछ करें देश के लिए करें। जनता को वे धर्म एवं जाति के आधार पर जितना बाँटते जाएँगे, उतना ही देश का नुकसान होगा। संकुचित वर्गीय एवं साम्प्रदायिक दृष्टिकोण तथा दलीय राजनीतिक लाभ से ऊपर उठकर उन्हें राष्ट्रीय हितों के बारे में सोचना चाहिए। यदि वे भारत से प्यार करते हैं तो उन्हें भारत का सर्वश्रेष्ठ हड़पने की बजाय अपना सर्वश्रेष्ठ भारत को देना होगा। मैं इस नतीजे पर पहुँचा हूँ कि धर्म व जाति के आधार पर होने वाले आरक्षण से हमारी राज्य-व्यवस्था को नुकसान ही पहुँचेगा; इससे योग्यता नष्ट होगी, हमारी संस्थाओं की कार्यप्रणाली का अध:पतन होगा, इस क्षेत्र में, इसके कारण हम दूसरों से पीछे रह जाएँगे। सम्भव है, किसी को इसका अल्पकालिक राजनीतिक लाभ मिल जाए, पर आगे चलकर पूरे देश को इसकी भारी कीमत चुकानी पड़ेगी।

27 नवम्बर, 1979 को नई दिल्ली में भाई परमानन्द स्मृति व्याख्यान में मैंने भारत के भविष्य के बारे में अपनी आशंकाएँ व्यक्त की थीं। दुर्भाग्य से, तब से लेकर आज तक स्थिति और बिगड़ी है। उस भाषण का एक उद्धरण मैं यहाँ देना चाहता हूँ, क्योंकि यह आज भी प्रासंगिक है :

"समूचे राजनीतिक परिदृश्य पर नैतिक संकट छाया हुआ है। पचास

के दशक में सार्वजनिक जीवन में ऐसे बहुत-से लोग थे जो सिर से पैर तक भद्र पुरुष थे। साठ के दशक में ऐसे बहुत-से नेता थे जो इससे कुछ कम भद्र थे। दुर्भाग्यवश, सत्तर वाले दशक में हमारे राजनेता एक इंच भी भद्र पुरुष नहीं थे। और ऐसे नेताओं की संख्या इतनी है कि विश्वास नहीं होता। हमारी राजधानियों में सत्ताधारियों, सत्तालोलुपों और सत्ता के दलालों ने हमारे संविधान को तुच्छ बना दिया है। चुनाव लड़ने वाले राजनेताओं ने चुनावों को घुड़दौड़ में बदल दिया है अन्तर मात्र इतना है कि घोड़े प्रशिक्षित होते हैं।''

मैं डॉ. रफ़ीक़ ज़करिया को सरदार वल्लभभाई पटेल की स्मृति को पुनर्जीवित करने के इस समयोचित निर्णय के लिए बधाई देना चाहता हूँ। भारत सरकार द्वारा प्रायोजित उनके सरदार पटेल स्मृति व्याख्यान, 1996 पर आधारित यह पुस्तक पर्याप्त अनुसन्धान पर आधारित है, और बहुत अच्छी लिखी गई है। उन्होंने न्यस्त स्वार्थों द्वारा रची गई इस अवधारणा को बड़ी प्रामाणिकता के साथ ध्वस्त किया है। कि सरदार पटेल मुसलमान-विरोधी थे।

यह भी उचित ही है कि उन्होंने इस पुस्तक के प्रकाशन के लिए भारतीय विद्या भवन को चुना, जिसके पटेल न केवल आदि सदस्य थे, बल्कि जिसकी ताकत भी थे।

आशा की जानी चाहिए कि यह पुस्तक सभी वर्षों-जातियों के भारतीयों को जोड़ने का काम करेगी, ताकि हर भारतीय की आँख के आँसू पोंछने का राष्ट्रपिता का सपना पूरा हो सके। भारत में हिन्दू राज की बात करना एक पागलपन ही है। सरदार पटेल ने इस देश की जनता को आश्वासन दिया था कि भारत कभी इसे नहीं स्वीकारेगा। सरदार के स्मरणीय शब्द हैं : ''इससे भारत की आत्मा मर जाएगी।''

मुझे आशा है, और विश्वास भी, कि भारत के युवा सरदार पटेल के अनवरत श्रम को व्यर्थ नहीं होने देंगे। सरदार न केवल भारत पर, जिसे बनाने और मज़बूत करने में उन्होंने सहयोग दिया, बल्कि समूचे विश्व पर अपनी छाप छोड़ गए हैं।

परिचय

यह पुस्तक उन सभी तक पहुँचनी चाहिए जो देश में और देश के बाहर मज़बूत, एकीकृत एवं समृद्ध भारत की कामना करते हैं। मुझे यह जानकर प्रसन्नता है कि भवन इस पुस्तक को उर्दू, हिन्दी सहित अन्य भारतीय भाषाओं में भी प्रकाशित करने की योजना बना रहा है।

ननी ए. पालखीवाला
उपाध्यक्ष

भारतीय विद्या भवन
मुम्बई,
10 दिसम्बर, 1996

भूमिका

भारतीय राजनीति में गांधी व नेहरू के बाद पटेल का ही नाम आता है। गांधी व नेहरू ने स्वयं बहुत कुछ लिखा है और उनके बारे में भी बहुत कुछ लिखा जा चुका है, पर पटेल पर उतना ध्यान नहीं दिया गया, जितना उन्हें मिलना चाहिए था। उनकी कुछ अच्छी जीवनियाँ प्रकाशित हुई हैं, जिनमें से मेरे मतानुसार नवजीवन प्रेस द्वारा प्रकाशित राजमोहन गांधी की पुस्तक 'पटेल' सर्वश्रेष्ठ है। इस पुस्तक के लिए पर्याप्त अनुसन्धान किया गया है और साहित्यिक भाषा में लेखक ने बड़ी आकर्षक शैली में इसे लिखा है। नरहरि डी. पारिख द्वारा दो खंडों में लिखित जीवनी 'सरदार वल्लभभाई पटेल' (नवजीवन) अधूरी है। इसमें विभाजन के तत्काल पहले व बाद की घटनाएँ भी नहीं हैं। फिर भी पटेल के प्रारम्भिक जीवन की बहुत-सी जानकारी इसमें मिलती है। कुछ अन्य पुस्तकें भी हैं : बी. कृष्ण की 'सरदार वल्लभभाई पटेल : इंडियास आयरन मैन' (हारपर कोलिन्स), पी.एन. चोपड़ा की 'दि सरदार ऑफ इंडिया' (एलाइड) एवं डी.वी. ताम्हणकर की 'सरदार पटेल' (जार्ज एलेन)। ये सब उच्चस्तरीय पुस्तकें हैं। पटेल के साथ काम कर चुके वी. शंकर एवं के.एल. पंजाबी ने भी उनके संस्मरण लिखे हैं। कुछ वर्ष पूर्व दुर्गादास ने पटेल के लेखन के दस खंड सम्पादित किए थे, जिन्हें नवजीवन प्रेस ने प्रकाशित किया। इन खंडों से व्यक्तियों एवं मुद्दों पर सरदार के सोच का पता चलता है। और भी कई पुस्तकें हैं, पर उनमें विषय के अनुरूप गहराई नहीं है। इनमें से कुछ में दुहराव है, कुछ अति प्रशंसात्मक हैं और कुछ को सिर्फ बेकार कहा जा सकता है। राजमोहन गांधी की पुस्तक 'पटेल' के अलावा इनमें से अधिकांश कृतियों में आलोचना-तत्त्व का अभाव है।

इस कमी के लिए एक सीमा तक पटेल स्वयं उत्तरदायी हैं। कुछ कहने या लिखने के लिए उनके पास समय ही नहीं था। उनकी रुचि सिर्फ कर्म में थी। स्वभाव से वे अल्पभाषी थे—कहते कम थे, सुनते अधिक थे। उनके जीवन के विभिन्न पक्षों के बारे में अधिकांश जानकारी उनकी पुत्री मणिबेन ने ही दी है। यद्यपि उन्होंने काम देरी से शुरू किया, पर बैठकों के नोट, पत्र-व्यवहार एवं पटेल की गतिविधियों से सम्बन्धित रपट आदि एकत्र करने का काम उन्होंने किया। उन्हें घटनाओं के विवरण लिखने व सामग्री एकत्र करने में व्यस्त देखकर एक बार सरदार ने मजाक में कहा था, ''यह सब लिखकर समय क्यों व्यर्थ कर रही हो? क्या इससे बेहतर यह नहीं होगा कि हम इतिहास का निर्माण करें?''

15 दिसम्बर, 1950 को सरदार के निधन पर आकाशवाणी (आल इंडिया रेडियो) ने, जो कि इस तरह का अकेला जन-संचार माध्यम था—दूरदर्शन तो इसके दो दशक बाद आया—प्रथम सूचना तथा प्रसारण मंत्री की स्मृति में सरदार पटेल स्मृति व्याख्यान प्रारम्भ किए। इस व्याख्यानमाला का उद्घाटन सी. राजगोपालाचारी ने किया था। राजाजी ने 'दि गुड एडमिनिस्ट्रेटर' विषय पर व्याख्यान दिया था—और पटेल निस्सन्देह एक अच्छे प्रशासक थे। प्रतिवर्ष पटेल स्मृति में इन भाषणों का आयोजन होता है और आकाशवाणी इसे अपना सर्वाधिक महत्त्वपूर्ण कार्यक्रम मानती है। विभिन्न क्षेत्रों के प्रमुख व्यक्तियों ने इस कार्यक्रम में भाग लिया है—ज़रूरी नहीं कि उन भाषणों का विषय पटेल ही हों, उनकी अपनी रुचि के विषय के चयन की स्वतंत्रता होती है। उदाहरणार्थ, डॉ. ज़ाकिर हुसेन ने 'एजुकेशन रीकंस्ट्रक्शन इन इंडिया' विषय पर, वेरियर एल्विन ने 'ए फिलॉसफी ऑफ लव' पर, एम.सी. सीतलवाड ने 'सेक्यूलरिज़्म' पर, रोमिला थापर ने 'दि पास्ट एंड प्रज्युडिस' पर पी.एन. हक्सर ने 'दि इवेल्यूएशन ऑफ फॉरेन पॉलिसी' पर, सी. सुब्रह्मण्यम ने 'सेंटर-स्टेट रिलेशन्स' पर, स्वामी रंगनाथानन्द ने 'अवर कल्चरल हेरिटेज' पर, पी.बी. गजेन्द्रगडकर ने 'कश्मीर' पर, के.एन. राज ने 'क्राइसिस ऑफ हायर एजुकेशन इन इंडिया' पर भाषण दिए हैं। ऐसे ही महत्त्वपूर्ण कई अन्य व्यक्ति भी थे जिन्होंने अपने क्षेत्र-विशेष पर स्वयं को सीमित रखा। बहुत कम ने पटेल एवं उनके विशाल व्यक्तित्व के

विभिन्न पहलुओं को अपने भाषण का विषय बनाया। सरदार के बहुआयामी सार्वजनिक जीवन पर जिन व्यक्तियों ने अपने भाषण केन्द्रित किए, उनमें मोरारजी देसाई भी हैं जिन्होंने 'भारत के एकीकरण एवं दृढ़ीकरण में सरदार की भूमिका' पर प्रकाश डाला, ननी पालखीवाला ने सरदार पटेल की स्थायी प्रासंगिकता को अपने भाषण का विषय बनाया और जस्टिस रंगनाथ मिश्र के भाषण का विषय था : 'हम आज सरदार पटेल को क्यों याद करते हैं?'

इस वर्ष जब आकाशवाणी ने स्मृति-व्याख्यान देने के लिए मुझसे सम्पर्क किया तो मैंने 'सरदार पटेल और भारतीय मुसलमान' विषय चुना। मैंने इसे दो भागों में विभाजित किया—पहले भाग में विभाजन से पूर्व भारतीय मुसलमानों के प्रति सरदार के रुख की बात थी और दूसरे में विभाजन के बाद की भूमिका। ये दोनों भाषण क्रमश: 29 अक्टूबर व 30 अक्टूबर, 1996 को दिल्ली स्थित नेशनल म्यूजियम में हुए, जिन्हें 31 अक्टूबर तथा 1 नवम्बर को आकाशवाणी से प्रसारित किया गया। पहले भाषण की अध्यक्षता केन्द्रीय सूचना एवं प्रसारण मंत्री सी.एम. इब्राहीम ने की। लगभग एक-एक घंटे के इन भाषणों में श्रोताओं में सी.के. जाफ़र शरीफ़, टी.एन. चतुर्वेदी, सैफ़ुद्दीन सोज़, ख़ालिफ़ अंजुम, जगन्नाथ आज़ाद, उमा वासुदेव, शाहिद सिद्दीक़ी समेत कई गण्यमान्य व्यक्ति सम्मिलित थे। दोनों दिन की भारी उपस्थिति व श्रोताओं की सराहना से मैं बहुत उत्साहित था।

जो विषय मैंने चुना वह कुछ विवादास्पद था, इसलिए प्रारम्भ में इसके बारे में मेरे मन में कुछ शंकाएँ थीं। भारतीय राजनीति का विद्यार्थी होने के नाते एवं उसमें सहभागिता की वजह से मुझे सरदार पटेल के जीवन व उनके समय के बारे में एवं विभिन्न क्षेत्रों में उनकी महान उपलब्धियों के बारे में पर्याप्त ज्ञान था। लेकिन अनेक सहधर्मियों की तरह ही मुझे भी यही लगता था कि वे मुसलमानों को पसन्द नहीं करते; वास्तव में मैं तो यह सोचता था कि वे पक्के मुसलमान विरोधी थे। तो क्या मुझे उनकी स्मृति में होने वाले भाषण में उनकी आलोचना करनी चाहिए? मैंने अपने मित्र एस. रामकृष्णन से बात की। वे सरदार को बहुत निकटता से जानते हैं और 15 जून, 1945 को अहमदनगर फोर्ट जेल से सरदार की रिहाई के बाद वे उनके निजी सहायक भी रहे थे। सत्ता के हस्तांतरण से पूर्व

हुए ऐतिहासिक कैबिनेट मिशन के विचार-विमर्श के दौरान एवं सरदार के उपप्रधानमंत्री पद सँभालने के कुछ माह बाद तक वे सरदार पटेल के साथ रहे थे। वे के.एम. मुंशी के भी सहयोगी रहे हैं और उनके निधन के बाद भारतीय विद्या भवन की गतिविधियों को न केवल भारत में बल्कि विश्व के अनेक हिस्सों में फैलाने में भी उनकी मुख्य भूमिका रही है। राष्ट्रीय एकात्मता के उद्‌देश्यों को समर्पित उनका जीवन मौन सेवा की उत्कृष्ट गाथा है। उन्होंने आग्रहपूर्वक मुझे इसी विषय पर बोलने के लिए कहा, क्योंकि उन्हें लग रहा था कि सच्चाई सामने आनी चाहिए, भले ही परिणाम कुछ भी हों। उन्हें विश्वास था कि पटेल पर कोई धब्बा नहीं लगेगा। उन्होंने भारतीय विद्या भवन के पुस्तकालय से मुझे पटेल के बारे में लिखी गई एवं स्वयं पटेल द्वारा लिखी गई कई पुस्तकें दीं; मणिभवन गांधी संग्रहालय से भी महत्त्वपूर्ण पुस्तकें प्राप्त करने में उन्होंने मेरी सहायता की। वे इसके भी न्यासी हैं।

इतना सारा साहित्य एकत्र करके मैं इस आरोप की तह तक पहुँचने के प्रयास में लग गया कि पटेल मुसलमान विरोधी थे। राजाजी तक ने 27 नवम्बर, 1971 के अपने पत्र 'स्वराज' में लिखा था, ''पटेल के बारे में यह धारणा बन गई थी कि वे मुसलमानों के प्रति कठोर व्यवहार करेंगे। यह गलत धारणा थी, पर यह पूर्वग्रह सब तरफ था।'' मैंने जितना अध्ययन किया उतना ही इस बात का कायल होता गया कि लौह पुरुष को कई दृष्टियों से गलत समझा गया है और भारतीय मुसलमानों के प्रति उनके व्यवहार की वास्तविकता कई जालों में छिपी है, ये जाले साफ होने ही चाहिए। मुझे इस बात की प्रसन्नता है कि मैं सन्तोषपूर्वक यह काम कर पाया। आकाशवाणी पर मुझे सुनने वालों ने इस प्रयास के लिए मुझे बधाई दी थी। भारत के भूतपूर्व सॉलिसिटर जनरल फली नरीमन ने पत्र लिखकर मुझे बताया कि मेरे भाषण उन्हें बहुत अच्छे लगे, मुम्बई उच्च न्यायालय के न्यायमूर्ति चमलगाँवकर ने भी ऐसा ही लिखा। अन्य कइयों को भी लगा कि मैं भारतीय मुसलमानों के बारे में पटेल के रुख का तथ्यपरक विश्लेषण करने में सफल रहा हूँ और साम्प्रदायिकता के विष से दूषित वर्तमान स्थिति में यह बहुत ज़रूरी था।

मेरा विश्लेषण तथ्यात्मक है, कहीं-कहीं आलोचनात्मक भी, पर मैंने इसमें

पूरी तरह निष्पक्ष रहने का प्रयास किया है। मेरा यह प्रयास हिन्दू-मुस्लिम एकता को मज़बूत बनाने के मेरे जीवन भर के मिशन का ही एक हिस्सा है। मेरा मानना है कि बिना इसके राष्ट्रीय एकात्मता नहीं हो सकती। मैं विद्यार्थी जीवन से इसके प्रति समर्पित हूँ, और द्वि-राष्ट्र सिद्धान्त का मैंने हमेशा विरोध किया। जब मैं किशोर था, तब भी मैंने इसका विरोध किया था और इसीलिए मैंने 'भारत-छोड़ो आन्दोलन' में हिस्सा लिया। मैं जानता हूँ कि अधिकांश हिन्दू सरदार पटेल की पूजा करते हैं। इसलिए मुसलमानों के लिए यह आवश्यक है कि वे पटेल को समझें और यदि सम्भव हो तो उनके प्रति अपनी नापसन्दगी को छोड़ें। मैंने अपने विनम्र तरीके से सरदार पटेल के शब्दों में 'दिलों की एकता' के मार्ग की एक और बाधा को दूर करने का प्रयास किया है।

यह पुस्तक मेरे सरदार पटेल स्मृति व्याख्यानों पर आधारित है, पर इसमें और भी बहुत-कुछ है जिसे मैंने एस. रामकृष्णन के सुझाव पर विषय को अधिक व्यापक बनाने के लिए जोड़ा है। मैं आकाशवाणी के महानिदेशक शशिकांत कपूर एवं उपमहानिदेशक एस. कृष्णन का आभारी हूँ कि उन्होंने मुझे हमारी आबादी के लगभग 12 प्रतिशत हिस्से, 12 करोड़ से अधिक भारतीय मुसलमानों, के प्रति सरदार पटेल के रुख का गहराई से अध्ययन प्रस्तुत करने का अवसर दिया। वाइकिंग पेंग्युन द्वारा प्रकाशित अपनी नवीनतम पुस्तक 'दि वाइडनिंग डिवाइड' में मैंने सन् 711 में मोहम्मद बिन कासिम के सिंध पर किए गए आक्रमण के समय से लेकर वर्तमान समय तक हिन्दू-मुस्लिम सम्बन्धों पर विस्तार से विचार किया है। एक तरह से यह पुस्तक उसी थीम की अगली कड़ी है।

1944 से 1949 तक पाँच साल लंदन में बिताने के बाद जब मैं लौटा तो उसके कुछ अर्से बाद ही मुझे सरदार से मिलने का सौभाग्य मिला था—सिर्फ एक बार। लंदन में पढ़ाई के अलावा मैं कृष्ण मेनन की इंडियन लीग में, भारतीय छात्रों के प्रमुख संगठन फेडरेशन ऑफ इंडियन स्टुडेंट्स सोसायटीज़ इन ग्रेट ब्रिटेन में काफी सक्रिय था। फेडरेशन का तो उन दिनों में अध्यक्ष था। भारत लौटने के बाद एक दिन मुझे मुम्बई में तत्कालीन गृहमंत्री मोरारजी देसाई के सचिव वी.वाई. टोनपे का एक पत्र मिला, जिसमें लिखा था कि भारत के

उपप्रधानमंत्री बिड़ला हाउस, मुम्बई में मुझसे मिलना चाहते हैं। 19 मई, 1950 को सबेरे दस बजे का समय दिया गया था। उस दिन एक घंटे से अधिक समय तक मैं सरदार के साथ अकेला था। उनकी तबीयत ठीक नहीं थी अतः वे बिस्तर पर लेटे हुए थे। उन्होंने मुझसे हिन्दू-मुसलमान समस्या, विशेषकर युवा मुसलमान पीढ़ी के व्यवहार के बारे में बातचीत की। उन्होंने बड़े धैर्य से मेरी बातें सुनीं और मुझे सुझाव दिया कि मैं अपने युवा साथी धर्मावलम्बियों को जिन्ना व मुस्लिम लीग द्वारा बनाई गई दो समुदायों को बाँटने वाली दीवारों को तोड़ने की आवश्यकता समझाऊँ। युवा मुसलमान वर्ग पर द्विराष्ट्र सिद्धान्त के प्रभाव से वे बहुत चिन्तित थे। मुझसे उनका आग्रह यह था कि मैं इन युवाओं को इस तरह सक्रिय करूँ कि एक बार फिर वे उस भावना से अनुप्राणित हों जो बीस वाले दशक में ख़िलाफ़त आन्दोलन के दौरान थी, आज दुर्भाग्य से उस भावना का स्थान 'शक, बुराई और शत्रुता' ने ले लिया है। उन्होंने हिन्दू-मुसलमानों के बीच आपसी विश्वास बनाने के लिए कहा, ''जो इनकी शान्ति व समृद्धि का एकमात्र रास्ता है।' उन्होंने कहा था कि बहुसंख्यकों की सद्‌भावना ''अल्पसंख्यकों का सर्वश्रेष्ठ कवच है।'' मुझे उम्मीद थी कि वे विभाजन में मुसलमानों की भूमिका के कारण उनसे नाराज़ एवं आक्रामक होंगे, पर वे आश्चर्यजनक ढंग से शान्त तथा सहारा देने वाली मुद्रा में थे। उनके शब्दों का मुझ पर गहरा असर पड़ा था और जब मैं वहाँ से लौटा तो भविष्य के प्रति अधिक आशावादी था।

जनी पालखीवाला द्वारा दिया गया पुस्तक का शानदार परिचय नेतृत्व की धारा-प्रतिधाराओं को उजागर करता है। मुम्बई में गवर्नमेंट लॉ कॉलेज में हम दोनों साथ थे, उन दिनों भी हम सब उनमें सम्भावनाएँ देखा करते थे और आने वाले वर्षों में कानून, अर्थशास्त्र एवं वित्तीय क्षेत्र में अपनी उपलब्धियों से उन्होंने यह प्रमाणित कर दिया कि हम गलत नहीं थे। पिछले एक अर्से में भारत में उन जैसा कोई न्यायविद् नहीं हुआ है। इसके साथ ही वे एक महान मानवतावादी भी हैं, जो कुछ भी गलत होता देखकर दुखी होता है और सही काम के लिए ललकता है। अपने सम्पूर्ण ज्ञान के बावजूद वे एक सरल व्यक्ति हैं तथा बड़े विद्वानों की संगति में भी वे उतने ही सहज होते हैं जितने आम आदमी के साथ मैं उनका आभारी हूँ।

भूमिका

मेरे साहित्यिक, शैक्षणिक एवं राजनीतिक प्रयासों में मेरी पत्नी फ़ातमा हमेशा मददगार रही हैं। वे खुद भी नामी लेखिका हैं। 'इलस्ट्रेटेड वीकली ऑफ इंडिया' तथा 'टाइम्स ऑफ इंडिया' में विभिन्न पदों पर रहते हुए उन्होंने लगभग 25 साल लेखन एवं सम्पादन कार्य किया है। यदि वे मेरे लेखन को अपनी समालोचनात्मक कलम से न सँवारतीं तो इसमें जो कुछ अच्छा दिख रहा है, वह न होता।

मैं अपने सहयोगी एम.वी. राघवन का भी आभारी हूँ, जिन्होंने कम्प्यूटर पर महारत हासिल कर ली है। अपने सहयोगियों नेत्रा आल्वे, ससी कुमार, एस.आई. पाशा एवं प्रकाश म्हात्रे का भी मैं आभारी हूँ जिन्होंने टाइपिंग, समन्वय एवं सामग्री को व्यवस्थित-पुनर्व्यवस्थित करने का थका देने वाला काम किया है। अनुसन्धान कार्य में मेरी मदद करने वाले अतीकुर रहमान का भी मैं आभारी हूँ।

—रफ़ीक़ ज़करिया

पहला अध्याय

एक प्रत्युत्तर

स्वतंत्र भारत के निर्माताओं में से एक सरदार पटेल की गणना जवाहरलाल नेहरू और महात्मा गांधी के साथ की जाती है। पर इनमें से प्रत्येक अलग ही साँचे में ढला हुआ था। उनकी पृष्ठभूमि भिन्न थी और बहुत-से मुद्दों पर उनका दृष्टिकोण भी। लेकिन इसके बावजूद भारत को अंग्रेज़ों की दासता से मुक्त कराने की आकांक्षा ने तीनों को एक साथ जोड़ा हुआ था। महात्मा गांधी का कद इन तीनों में सबसे बड़ा था और बाकी दोनों ने बिना किसी हिचकिचाहट के उन्हें अपना नेता स्वीकार किया था। इसलिए कहीं-कहीं सैद्धांतिक मतभेदों के बावजूद भारत की स्वतंत्रता के व्यापक हितों के परिप्रेक्ष्य में इन दोनों ने महात्मा के विचारों के सामने सिर झुकाया था। हिन्दू-मुस्लिम एकता को महात्मा गांधी ने देश के करोड़ों लोगों के लिए स्वराज लाने का एक अहम मुद्दा बनाया था। पूरे स्वतंत्रता आन्दोलन के दौरान वे लगातार इसकी महत्ता को रेखांकित करते रहे। उनके अनेक उद्धरणों में से एक मैं यहाँ उद्धृत कर रहा हूँ : ''ऐसा कहा जा रहा है कि मुसलमान दोस्तों के साथ अपने नजदीकी रिश्तों के कारण मैं हिन्दू मानस को समझने के नाकाबिल बनता जा रहा हूँ। मैं स्वयं हिन्दू मानस हूँ। मेरे अस्तित्व का हर रेशा हिन्दू है। इसलिए मुझे हिन्दू मानस को समझने के लिए हिन्दुओं के बीच रहने की कोई आवश्यकता नहीं है। विपरीत प्रभावों में रहने के बावजूद यदि मेरा हिन्दुत्व फल-फूल नहीं सकता तो निश्चित रूप से यह बहुत कमज़ोर चीज़ है। हिन्दुत्व के लिए क्या ज़रूरी है यह मैं अनायास ही जान लेता हूँ, पर मुसलमान मस्तिष्क को समझने के लिए कोशिश करनी ही होगी। मुसलमानों में

सर्वश्रेष्ठ के जितना नजदीक मैं आऊँगा, मुसलमानों और उनके कामों के आकलन में उतना ही अधिक ईमानदार होऊँगा। मैं दोनों समुदायों के बीच सर्वश्रेष्ठ सीमेंट बनने की कोशिश कर रहा हूँ। और मैं चाहता हूँ कि जरूरत पड़े तो मैं अपने खून से इन दोनों को एक कर सकूँ। पर ऐसा करने से पहले मुझे मुसलमानों को यह साबित करना होगा कि मैं उन्हें भी उतना ही प्यार करता हूँ, जितना हिन्दुओं को।''[1]

सरदार ने कभी विद्वान अथवा विचारक होने का दावा नहीं किया। अल्पभाषी सरदार काम करने में विश्वास करते थे। एडवोकेट के रूप में भी वे अपनी विद्वत्ता का दिखावा करने से हमेशा बचते रहे। उनका सारा ध्यान सफलता पर केन्द्रित रहता था। उनकी वकालत अच्छी-खासी चल रही थी और जीवन भी पर्याप्त सुख-सुविधाओं से परिपूर्ण था। पाश्चात्य वेशभूषा उन्हें प्रिय थी। क्लब में जाना उन्हें अच्छा लगता था और हर शाम वे ब्रिज खेला करते थे। लेकिन महात्मा गांधी के सम्पर्क में आने के बाद उनकी सम्पूर्ण जीवन-शैली ही बदल गई। वे सच्चे भारतीय बन गए। अब वे बैरिस्टर के बजाय पट्टीदार अधिक दिखते थे। कांग्रेस उनके कृतित्व का वाहक बन गई। जनता उनके पीछे थी। उनकी लोकप्रियता प्रान्त की सीमाओं के पार पहुँच गई। 1916 में लखनऊ में हुए कांग्रेस अधिवेशन में उन्हें प्रतिनिधि बनाकर भेजा गया। वहाँ से लौटने के बाद उन्होंने अपनी वकालत कम कर दी और उनका अधिक समय सार्वजनिक कामों में बीतने लगा। गांधी जी द्वारा चलाए गए विभिन्न आन्दोलनों में वे पूरी ताकत के साथ कूद पड़े। 1921 में उन्हें गुजरात प्रान्तीय कांग्रेस समिति का अध्यक्ष चुना गया; अब गांधी जी उनमें पूरा भरोसा करने लगे थे। सरदार के पिता खेतिहर थे, इसलिए वे स्वयं को भूमि-पुत्र मानते थे और इसी नाते वे कृषि-समस्याओं पर विशेष ध्यान देते थे—इस काम में उन्होंने कभी हिन्दू-मुस्लिम में भेद नहीं किया। वैसे भी उनकी मेहनत और उनकी पीड़ाएँ एक जैसी थीं। पटेल ने कहा भी है, ''प्रकृति धर्म के आधार पर भेदभाव नहीं करती।''

लेकिन हिन्दू-मुसलमान सम्बन्धों के प्रश्न पर गांधी, नेहरू और पटेल के दृष्टिकोणों में एक अन्तर था। गांधी और नेहरू दोनों के लिए हिन्दुओं और मुसलमानों की एकता सर्वाधिक महत्त्वपूर्ण थी। वे इसे भारत की स्वतंत्रता का

आधार मानते थे। पटेल का मानना था कि जब तक अंग्रेज़ों का शासन रहेगा, यह एकता सम्भव नहीं है। इसलिए, प्रारम्भ से ही पटेल ने अपनी सारी ताकत ब्रिटिश राज के ख़िलाफ़ लड़ने में लगाई, साम्प्रदायिक एकता का स्थान उनकी दृष्टि में इसके बाद था। पर वे इसके विरुद्ध नहीं थे, साम्प्रदायिक समन्वय के लिए भी वे लगातार प्रयत्नशील रहे। जैसा कि हम आगे देखेंगे, स्वतंत्रता-संघर्ष के दौरान किसी ने उन पर साम्प्रदायिक पक्षधरता का आरोप नहीं लगाया। राजनीतिक दृष्टि से वे हिन्दुओं और मुसलमानों के साथ हमेशा एक-सा व्यवहार करते रहे, हाँ, सामाजिक दृष्टि से वे स्वयं को हिन्दुओं में अधिक सहज अवश्य अनुभव करते थे। पर 1937 में जिन्ना के नेतृत्व में मुस्लिम लीग के उदय के बाद उनके दृष्टिकोण में परिवर्तन आ गया। उन्हें मुसलमानों की निष्ठा में सन्देह होने लगा; उन्हें लगने लगा कि हिन्दुओं से जुड़ने में मुसलमानों की रुचि नहीं है। परिणामस्वरूप मुसलमानों के प्रति उनका दृष्टिकोण धीरे-धीरे बदलता गया और विभाजन और उसके परिणामों ने इस परिवर्तन को पुख़्ता बना दिया। उनके कुछ सहयोगी ही उन्हें खुलेआम साम्प्रदायिक कहने लगे। ऐसा आरोप लगाने वालों में हमारे स्वतंत्रता संग्राम के दो महानतम सेनानी, मौलाना आज़ाद और जयप्रकाश नारायण भी सम्मिलित थे। इन भाषणों में मैं सच्चाई तक पहुँचने की कोशिश करूँगा; और यथासम्भव कोशिश करूँगा कि मैं सच और झूठ को पृथक् करने की इस कोशिश में तथ्यपरक बना रहूँ। आज यह काम आवश्यक हो गया है, क्योंकि सरदार हमारी स्थिरता के प्रकाश-स्तम्भ हैं, उनका व्यक्तित्व और कृतित्व हमारे भविष्य को प्रभावित करता है—क्योंकि उन्होंने हमें दिखाया था कि भिन्नता में से भी एकता पैदा की जा सकती है।

उनके सार्वजनिक जीवन के प्रारम्भिक वर्षों की बात करें, जब सरदार गुजरात के सर्वमान्य नेता थे। क्या उन्होंने तब मुसलमानों के विरुद्ध किसी प्रकार के पूर्वग्रह का कोई संकेत दिया था ? ख़िलाफ़त के सवाल पर जब महात्मा गांधी ने अली बन्धुओं—मौलाना शौकत अली तथा मौलाना मोहम्मद अली—के साथ सहयोग करने का निर्णय किया तो यह एक अचूक परीक्षा की घड़ी थी। ब्रिटेन के प्रधानमंत्री लायड जार्ज ने भारतीय मुसलमानों को वचन दिया था कि प्रथम विश्वयुद्ध (1914-18) में तुर्की की पराजय के बाद उनके सर्वाधिक पवित्र

स्थानों, मक्का-मदीना और काबा, को ख़लीफ़ा से नहीं छीना जाएगा। ख़लीफ़ा तब इन स्थानों के संरक्षक थे। पर अंग्रेज़ों ने अपने इस वचन का पालन नहीं किया और मुसलमानों को डर लगने लगा था कि काबा को अपवित्र कर दिया जाएगा अथवा अंग्रेज़ों के किसी एजेंट को सौंप दिया जाएगा। मुसलमान विश्व, मुख्यत: दक्षिण और मध्य एशिया के मुसलमान, गुस्से से उबल रहे थे। अली बन्धुओं ने भारतीय मुसलमानों के विरोध को संगठित किया और नेतृत्व दिया। गांधी जी चाहते थे कि आवश्यकता की इस घड़ी में हिन्दुओं को मुसलमानों का साथ देना चाहिए, पर अधिकांश कांग्रेसी नेता इससे सहमत नहीं थे। उनका मानना था कि ख़िलाफ़त एक धार्मिक मुद्दा है, उसे राजनीति से नहीं जोड़ना चाहिए। पर गांधी जी का दृष्टिकोण भिन्न था। उन्होंने कहा कि हिन्दुओं को ऐसे मुद्दे पर मुसलमानों से पृथक् नहीं रहना चाहिए जिसने उनकी भावनाओं को इतना आहत किया है। वे पूर्णतया धार्मिक व्यक्ति थे, इसलिए वे दूसरों की धार्मिक भावनाओं की भी कद्र करते थे। इसमें राजनीतिक हित-अहित आड़े नहीं आते थे। इसलिए वे इस बात पर अड़े रहे कि अंग्रेज़ों के ख़िलाफ़ इस लड़ाई में हिन्दुओं को मुसलमानों का साथ देना चाहिए। कांग्रेस डावाँडोल थी, पर महात्मा गांधी अपने रुख पर अडिग रहे। इस बात ने मुसलमानों को भीतर तक छुआ और उन्होंने गांधी जी से नेतृत्व प्रदान करने का आग्रह किया। इस तरह शुरू हुआ था 1 अगस्त, 1920 को मुम्बई के ऐतिहासिक ख़िलाफ़त हाउस से पहला असहयोग आन्दोलन। इसी दिन तिलक का देहान्त हुआ था। इस आन्दोलन को भारी जन-समर्थन मिला, ब्रिटिश राज हिल-सा गया। इस असहयोग के अन्तर्गत पदवियों-उपाधियों को लौटाना, सरकारी सहायता प्राप्त स्कूलों-कॉलेजों, अदालतों और सरकारी नौकरियों का बहिष्कार एवं ब्रिटिश सामान की होली जलाना शामिल था। दमन चक्र शुरू हो गया। लाखों हिन्दुओं, मुसलमानों व अन्यों को पुलिस की लाठी-चार्ज का शिकार होना पड़ा, व्यवसाय और सम्पत्तियाँ जब्त कर ली गईं और अभूतपूर्व स्तर पर गिरफ्तारियाँ हुईं, लोगों को जेलों में ठूँसा गया। इस आन्दोलन में सम्मिलित होने में कांग्रेस को छह महीने लग गए; जिन्ना तब कांग्रेस में सक्रिय थे और उन्होंने इसका कड़ा विरोध किया था। गांधी जी के आह्वान पर पदवियाँ छोड़ने वालों में गुरुदेव रवीन्द्रनाथ टैगोर भी थे।

पर सहजवृत्ति से महात्मा गांधी का अनुगमन करने वाले पटेल थे—सच तो यह है कि वे इस आन्दोलन के अगुआ बन गए थे। इसके धार्मिक चरित्र के बावजूद अधिसंख्य कांग्रेसी नेताओं के विपरीत पटेल को इस आन्दोलन की प्रासंगिकता पर तनिक भी सन्देह नहीं था। उनकी दृष्टि स्पष्ट और सकारात्मक थी। वे उनमें से थे जिन्होंने सबसे पहले पूरे साहस के साथ इसके समर्थन में आवाज़ उठाई। आन्दोलन प्रारम्भ होने के कुछ ही दिन बाद उन्होंने अहमदाबाद में गुजरात राजनीतिक सम्मेलन का आयोजन किया। उच्च न्यायालय के सेवानिवृत्त न्यायाधीश अब्बास तैयब जी की अध्यक्षता में हुए इस सम्मेलन में पटेल ने आन्दोलन के समर्थन में सर्वसम्मत प्रस्ताव पारित करवाया। अपने भाषण में पटेल ने इस बात को समझाया कि हिन्दुओं को ख़िलाफ़त के सवाल का समर्थन क्यों करना चाहिए : ''ब्रिटेन के वादे के बावजूद तुर्की साम्राज्य का विभाजन किया गया। सुलतान को कुस्तुनतुनिया में बन्दी बना दिया गया। सीरिया पर फ्रांस ने कब्ज़ा कर लिया। स्मयर्ना और थ्रेस को यूनान ने निगल लिया तथा मेसोपोटामिया व फिलिस्तीन को ब्रिटेन ने अपने अधिकार में ले लिया। अरेबिया में भी एक ऐसा शासक बना दिया गया जो ब्रिटिश सरकार का समर्थक था। यहाँ तक कि वायसराय ने भी स्वीकार किया कि शान्ति की कुछ शर्तों से मुसलमान समुदाय का अपमान ही हो सकता था। वास्तव में, भारतीय मुसलमानों के लिए यह एक हृदय-विदारक घटना है। अपने देशवासी साथियों को इस तरह दुख में देखकर भला हिन्दू अप्रभावित कैसे रह सकते थे?''[2]

जनसमर्थन जुटाने के लिए सरदार ने पूरे गुजरात का दौरा किया। इस आन्दोलन को तब ख़िलाफ़त और पंजाब के सन्दर्भ में हुई ज्यादतियों के विरोध का प्रतीक कहा जाता था और सरदार पटेल ने अपने भाषणों में आन्दोलन के आलोचकों को मुँहतोड़ जवाब दिए। गांधी जी ने जलियाँवाला बाग में हुए नरसंहार और ख़िलाफ़त के प्रश्न को एक साथ जोड़ दिया था। 'नवजीवन' में उन्होंने लिखा था, ''हम अक्सर यह सोच लेते हैं कि साहस और निर्भीकता ढिठाई व उत्तेजनात्मक शब्दों का पर्याय हैं। लेकिन वल्लभभाई पटेल ने दिखा दिया है कि बिना अशिष्ट हुए भी दृढ़ होना सम्भव है।''[3] हिन्दुओं में पटेल के ही कन्धों पर हाथ रखकर महात्मा ने उन्हें मुसलमानों के निकट लाने की कोशिश

की। अन्य कांग्रेसी नेता डगमगाए, पर पटेल अपने नेता के साथ चट्टान की तरह अडिग खड़े रहे।

सितम्बर 1920 में अली बन्धुओं को सेना में असन्तोष भड़काने के आरोप में दो साल की कड़ी कैद की सजा सुनाई गई—उन्होंने सैनिकों से भी असहयोग करने की अपील की थी। अली बन्धुओं के समर्थन में सबसे पहले आवाज़ उठाने वालों में सरदार पटेल थे। उन्होंने हर भारतीय का, भले ही वह सैनिक हो या असैनिक, आह्वान किया कि वह अंग्रेज़ों की नौकरी छोड़ दे। 1921 में अहमदाबाद में कांग्रेस का वार्षिक अधिवेशन हुआ। उस सम्मेलन की शानदार व्यवस्था का सेहरा स्वागत समिति के अध्यक्ष सरदार पटेल के माथे ही बँधता है। सबसे अधिक उत्साहवर्धक बात हिन्दू और मुसलमान प्रतिनिधियों के बीच झलकता मैत्रीभाव था। वे सब वहाँ एक साथ भाई-भाई की तरह रह रहे थे। अपनी इस उपलब्धि पर सरदार को गर्व होना स्वाभाविक था। अपने स्वागत-भाषण में उन्होंने कहा भी, ''हमने पूरी ईमानदारी और दृढ़ता के साथ अपनी कमज़ोरी पर विजय पाने की कोशिश की है। अगर किसी प्रमाण की आवश्यकता है तो वह है हिन्दू-मुस्लिम एकता।'' उन्होंने कहा, ''मैं बड़े गर्व के साथ यह दावा कर सकता हूँ कि हमारा रिश्ता सिर्फ दोस्ती का नहीं, बल्कि एक उपयोगी सहयोग का है ताकि हम देश को आगे ले जा सकें।''[4]

इस बीच कांग्रेस ने अपनी प्रान्तीय इकाइयों को कुछ चुने हुए क्षेत्रों में सिविल नाफरमानी या असहयोग आन्दोलन चलाने की अनुमति दे दी। गांधी जी ने गुजरात में बारडोली को इसके लिए चुना और पटेल को इसका नेतृत्व सौंप दिया। 10 नवम्बर, 1921 को 'यंग इंडिया' में लिखे अपने एक लेख में महात्मा गांधी ने चेतावनी दी : ''यदि किसी व्यक्ति या समूह को अब भी हिन्दू-मुस्लिम एकता में सन्देह है, यदि हमारे लिए लक्ष्य को प्राप्त करने के लिए अहिंसा की आवश्यकता के बारे में उन्हें किसी प्रकार का शक है, यदि क़िसी ने स्वदेशी को अब तक पूर्ण रूप से स्वीकार नहीं किया है, यदि हिन्दुओं में अब भी अस्पृश्यता का ज़हर बाकी है, तो वह समूह अथवा वह व्यक्ति अभी सिविल नाफरमानी के उपयुक्त नहीं है।'' चूँकि सरदार बारडोली के पक्ष में थे, इसलिए गांधी जी ने उसे सत्याग्रह के लिए चुना, अन्यथा अब्बास तैयब जी तो आणंद के लिए दबाव डाल

रहे थे। सरदार ने उन्हें सांत्वना दी और गांधी जी ने कहा, ''मुझे अपने दोस्त और सहयोगी के दुख से पीड़ा है।'' उन्होंने पंजाब द्वारा भुगती यातना पर तैयब जी को रोते हुए देखा था। ''हालाँकि उन्होंने अपनी सारी ज़िन्दगी ऐशो-आराम में बिताई, पर उन्होंने सब कुछ छोड़ दिया।'' उन्हें इस बात का गहरा दुख था कि तैयब जी के ताल्लुके आणंद में उनके अनुयायी जेल जाने से वंचित रह जाएँगे। सरदार ने तैयब जी को वचन दिया कि वे बारडोली सत्याग्रह से नजदीक से जुड़े रहेंगे, जो वे बाद में भी रहे। सरदार हिन्दू थे और तैयब जी मुसलमान, पर इन दो नेताओं में उद्देश्य और कृतित्व की एकता का यह एक शानदार उदाहरण है। संघर्ष की शुरुआत से पहले कांग्रेस कार्यसमिति ने कहा था, ''हिन्दुओं, मुसलमानों और अन्य समुदायों में पूरी एकता दिखाई देती है।''

चौरीचौरा में भीड़ द्वारा एक पुलिस चौकी को, जिसमें पुलिसवाले भी थे, जलाने के कारण गांधी जी ने अचानक असहयोग आन्दोलन स्थगित कर दिया। सारा आन्दोलन थम-सा गया। इसलिए बारडोली का कर न चुकाने का अभियान भी गड़बड़ा गया। कुछ साल बाद सरदार के नेतृत्व में इसे फिर से शुरू किया गया जो इतना सफल हुआ कि स्वतंत्रता की ओर भारत के अभियान का एक महत्वपूर्ण मोड़ साबित हुआ। इससे हिन्दुओं-मुसलमानों के सम्बन्ध भी और सुदृढ़ हुए। सरदार का अभिनन्दन करने के लिए मौलाना शौकत अली एवं मौलवी मोहम्मद बलोच विशेष रूप से बारडोली गए। महादेव देसाई के शब्दों में, ''बारडोली के एकता एवं भाईचारे के अद्भुत वातावरण को देखकर वे बहुत प्रसन्न हुए थे। एक प्रमुख ख़िलाफ़ती एवं मौलाना मोहम्मद अली के सहयोगी शोएब कुरेशी ने हमारे बहादुर भाइयों तथा उनके सरदार व सहयोगियों को तार भेजकर बधाई दी थी। मुसलमानों ने भी हिन्दुओं की तरह ही उतने ही उत्साह के साथ शानदार नेतृत्व के लिए सरदार का अभिनन्दन किया।''

हिन्दुओं और मुसलमानों के बढ़ते भाईचारे से अंग्रेज़ अफसर भयभीत होने लगे थे—उन्हें इसमें अपने शासन के लिए खतरा दिखाई देने लगा था। उन्होंने फूट के बीज बोने शुरू किए, कभी बड़ी चतुराई से और कभी झगड़ों को बढ़ावा देकर। इससे साम्प्रदायिक दंगे भड़कने लगे। सरदार पटेल उन थोड़े-से नेताओं में से थे, जो अंग्रेज़ों की इस चाल को भाँप गए। सन् 1921 में उन्होंने भड़ौच

में एक भाषण में इसके प्रति सावधान और जागरूक रहने की आवश्यकता पर बल दिया था। उन्होंने कहा था, "हिन्दू-मुस्लिम एकता अभी एक कोमल पौधे की तरह है। एक लम्बे अर्से तक हमें इसे बहुत सावधानी से पालना-पोसना होगा। हमारे दिल अभी उतने साफ नहीं हैं, जितने होने चाहिए थे।"[5] उन्होंने कहा था कि ख़िलाफ़त के सवाल ने साम्प्रदायिक सम्बन्धों को सुदृढ़ बनाने का एक सुनहरा अवसर प्रदान किया है। उन्होंने हिन्दुओं को याद दिलाया कि उनका कर्तव्य है कि वे "मुसलमान समुदाय की अच्छाइयों में पूर्ण विश्वास व्यक्त करके मुसलमानों को इस्लाम की रक्षा के लिए हर सम्भव सहायता प्रदान करें।"[6] इस मुद्दे पर उनके गुरु भी इससे अधिक प्रभावशाली ढंग से बात न कह पाते।

1919 के मोंटेग-चेम्सफोर्ड सुधारों के फलस्वरूप कांग्रेस नेताओं के बीच तीव्र मतभेद की एक दीवार खड़ी हो गई थी—राजाजी, राजेनबाबू और सरदार का वर्ग प्रान्तीय असेंबलियों में प्रवेश के विरुद्ध था, जबकि दूसरा वर्ग, जिसके नेता सी.आर. दास और मोतीलाल नेहरू थे, प्रवेश के पक्ष में था। पहले वर्ग को 'परिवर्तन-विरोधी' कहा गया जो गांधी जी के असहयोग आन्दोलन का पक्षधर था और इस आन्दोलन से जुड़े रहने की वकालत कर रहा था, जबकि दूसरा वर्ग 'परिवर्तनवादी' कहलाया। मतभेद इतने गहरे हो गए कि वैयक्तिक सम्बन्धों तक पर असर पड़ने लगा। गया में हुए कांग्रेस के वार्षिक अधिवेशन में स्वराज पार्टी के नाम से एक नया संगठन बनाया गया जिसके नाम तले चुनाव लड़े जाने थे।

ऐसे समय में जबकि दोनों पक्षों की भावनाएँ अत्यधिक कटु हो चुकी थीं, मुसलमानों के प्रमुख नेता मौलाना मोहम्मद अली को रिहा कर दिया गया। वह पक्के गांधीवादी थे, इसलिए यह आशा की जा रही थी कि वे 'परिवर्तन-विरोधियों' का साथ देंगे, पर सरदार यह देखकर हैरान रह गए कि उन्होंने दूसरा ही रुख अपनाया। उन्होंने ऐसे समझौते का प्रस्ताव रखा जिसमें स्वराजवादियों को असेंबली में प्रवेश का विकल्प दिया गया था। पटेल और उनके सहयोगियों के लिए यह एक गहरा आघात था। पर सरदार की प्रतिक्रिया आश्चर्यजनक रूप से उनके स्वभाव के विपरीत थी। मैं यहाँ 25 मई, 1922 को मुम्बई में हुई अखिल भारतीय कांग्रेस कमेटी की बैठक में दिए गए सरदार पटेल के उस भाषण को उद्धृत करना चाहूँगा जिसमें उन्होंने मौलाना के कहे अनुसार समझौता स्वीकार

किया था : ''काफी सोच-विचार के बाद मैं इस नतीजे पर पहुँचा हूँ कि अपना विरोध वापस लेकर मैं मौलाना की सबसे अधिक मदद कर सकता हूँ। उनका कहना है कि मुझे उस आदमी की स्थिति के बारे में सोचना चाहिए जो दो साल की गैरहाजिरी के बाद लौटा है। अब तक वे उनकी कठिनाइयों को समझ चुके होंगे जो इन दो सालों में बाहर रहे थे। मैं जानता हूँ कि अब मैं जो रुख अपनाऊँगा उससे सैकड़ों युवाओं को निराशा होगी। मुझे विश्वास है कि इस प्रस्ताव से असहयोग का खात्मा नहीं होगा। आज हम एक-दूसरे को शक की निगाहों से देख रहे हैं, हममें आपस में प्यार नहीं रहा। यह उस प्यार को फिर से जोड़ने की कोशिश है। इस दौरान देश के महान नेताओं का विरोध करना एक पीड़ादायक काम था। इसके साथ ही आज उस विरोध को समाप्त करना भी उतना ही मुश्किल है।''[7] फिर भी सभी 'परिवर्तन-विरोधियों' से उन्होंने आग्रह किया कि वे मौलाना मोहम्मद अली की सलाह को स्वीकार कर लें। अधिसंख्य 'परिवर्तन-विरोधियों' ने इसका विरोध किया, पर, सरदार पटेल के कारण उन्होंने अन्ततः बात मान ली। मोहम्मद अली से अधिक सम्मान वे गांधी जी का ही करते थे, और वे तब जेल में थे। लोगों को कांग्रेस के प्रति आकर्षित करने के लिए सरदार ने उनकी घिसी-पिटी धार्मिक भावनाओं और आचरण का सहारा नहीं लिया। उन्होंने बड़ी स्पष्टवादिता के साथ इनका विरोध किया। बाल-विवाह के लिए उन्होंने हिन्दुओं की भर्त्सना की, ''मैं ऐसा कानून बना दूँगा कि इस तरह की शादियों का नाटक रचाने के लिए जिम्मेदार माँ-बाप और पंडितों को गोली मार दी जाए। कुछ लोग 'धर्म संकट में है' के नारे लगा रहे हैं। जब अज्ञानी, निर्दयी पंडित और माँ-बाप ऐसी तथाकथित शादियों को समाज पर लादने के लिए होड़ लगाएँगे, तो धर्म तो संकट में पड़ेगा ही। धर्म के नाम पर लोगों को गुमराह करके छोटे-छोटे बच्चों की शादियाँ करवाने वाले ब्राह्मण के अत्याचार को चुपचाप सहने वाले आप किसान लोग किसान कहलाने के हकदार नहीं हैं। किसान अन्नदाता है। उसे बहादुर होना चाहिए, ताकतवर होना चाहिए, निर्भय और तेजस्वी होना चाहिए।[8]

इतनी ही निर्ममता के साथ उन्होंने परदा-प्रथा का विरोध किया था, जो मुख्यतः मुसलमानों में प्रचलित थी। उन्होंने पूछा था, ''क्या आप लोगों को इस

बात पर लज्जा नहीं आती कि आप औरतों को परदे में रखते हैं? आखिर ये औरतें हैं कौन? आपकी माताएँ, आपकी बहनें, आपकी बीवियाँ। क्या आप सचमुच यह मानते हैं कि परदे में रखकर ही आप उनके शील की रक्षा कर सकते हैं? उन पर इस तरह अविश्वास करने का आपको क्या हक है? या फिर आपको इस बात का डर है कि यदि वे बाहर आ गईं तो आपकी गुलामी को देख लेंगी और आपसे कोई वास्ता नहीं रखेंगी, क्योंकि स्वयं आप लोगों ने उन्हें गुलाम बनाकर रखा हुआ है? बारडोली में मैंने लोगों से कहा था कि यदि वे मुझे अपनी महिलाओं से बात नहीं करने देंगे और उन्हें मुझसे आज़ादी से बात नहीं करने देंगे, तो मैं उनके सत्याग्रह से कोई नाता नहीं रखूँगा। महिलाओं ने मेरी बात को समझा और तत्काल सभाओं में आने लगीं। थोड़े ही समय में सभाओं में महिलाओं की संख्या पुरुषों जितनी हो गई थी। मैं जो कुछ आप लोगों से कह रहा हूँ, वह सब घर जाकर महिलाओं को बताइए। उनसे कहिए कि गुजरात से एक किसान आया है जो कह रहा है कि यदि आप महिलाएँ बाहर नहीं निकलीं तो हम कभी सुखी नहीं हो सकते। यदि कह सका तो मैं इन महिलाओं से कहूँगा कि ऐसे कायर पतियों की पत्नियाँ बनी रहने के बजाय इन्हें तलाक दे दो।''[9]

1924 से 1929 के बीच वार्षिक अधिवेशनों और प्रान्तीय सभाओं में स्वराजियों (परिवर्तनवादियों को तब यही कहने लगे थे) के काम के अलावा कांग्रेस की गतिविधियाँ ठप-सी हो गई थीं। पटेल तब अहमदाबाद नगरपालिका के निर्वाचित अध्यक्ष थे और उनका अधिकांश समय नगरपालिका के कामों में ही जाता था। 1929 में लाहौर कांग्रेस में जवाहरलाल नेहरू की अध्यक्षता में सम्पूर्ण स्वतंत्रता का प्रस्ताव पारित हुआ था। इसके बाद ही गांधी जी ने ब्रिटिश सरकार के ख़िलाफ़ संघर्ष को नई ताजगी दी। पटेल ने गुजरात के विभिन्न भागों का दौरा किया। वे उन कस्बों और गाँवों में विशेष रूप से गए, जिस रास्ते से होकर गांधी जी ने नमक कानून के प्रतीकात्मक निषेध के लिए दांडी-यात्रा की योजना बनाई थी। 7 मार्च, 1929 को सरदार बोरसाड ताल्लुके के रास गाँव में पहुँचे। हजारों लोग सरदार को सुनने के लिए वहाँ एकत्र हुए थे, पर मजिस्ट्रेट ने उनके भाषण पर प्रतिबन्ध लगा दिया। सरदार भाषण देने के अपने अधिकार पर अड़े रहे और उन्हें बन्दी बनाकर जेल भेज दिया गया।

वकील और सामान्यजन दोनों इस गैरकानूनी गिरफ्तारी से क्षुब्ध थे। बिना मुकदमे की यह सजा समझ में आने की बात नहीं थी। इसके विरोध में उठी सबसे ताकतवर आवाज़ों में से एक आवाज़ एम.ए. जिन्ना की थी, जिन्होंने केन्द्रीय लेजिस्लेटिव असेंबली में गरजते हुए कहा था, ''होम मेम्बर ने कहा है कि सरदार वल्लभभाई पटेल ने गिरफ्तारी से पहले बहुत-से भाषण दिए थे। मैं पूछता हूँ, क्या वे भाषण गैरकानूनी थे? सवाल यह है कि क्या सरदार ने कोई कानून तोड़ा था। इस बारे में हमें कुछ नहीं बताया गया है। यदि उन्होंने पहले ऐसे भाषण दिए थे, जिनसे कानून टूटा था और वैसा ही एक और भाषण वे देना चाह रहे थे, तो जिला अधिकारियों के लिए कार्रवाई करने का सही तरीका यह था कि वे पहले के अपराधों के लिए सरदार वल्लभभाई पटेल के ख़िलाफ़ कदम उठाते। अभिव्यक्ति की स्वतंत्रता की जड़ पर प्रहार करने वाली उनकी कार्रवाई उचित नहीं है। भारत सरकार ने यह कदम उठाकर एक ऐसी मिसाल कायम की है, जिसके बडे गम्भीर परिणाम होंगे।''[10]

1931 में कराची में हुआ कांग्रेस का वार्षिक अधिवेशन मील का पत्थर था। इस अधिवेशन में नागरिकों के मूल अधिकारों का एक मसविदा स्वीकार हुआ था जो बाद में स्वतंत्र भारत के संविधान में सम्मिलित किया गया। सरदार इस अधिवेशन के अध्यक्ष चुने गए थे। अपने अध्यक्षीय भाषण में, जो कांग्रेस के लम्बे इतिहास में सम्भवतः सबसे छोटा भाषण था, उन्होंने हिन्दू-मुसलमान एकता पर बल दिया। उन्होंने कहा, ''पर सबसे पहले हिन्दू-मुस्लिम या साम्प्रदायिक एकता का सवाल आता है।'' प्रारम्भ में उन्होंने पिछले वर्ष जवाहरलाल नेहरू की अध्यक्षता में लाहौर में हुए कांग्रेस अधिवेशन में एकमत से पारित प्रस्ताव का उल्लेख किया। इस प्रस्ताव में अन्य अल्पसंख्यकों सहित मुसलमानों को यह आश्वासन दिया गया था कि उन्हें 'पूर्णतया सन्तुष्ट' किए बिना भारत के भावी संविधान में कुछ भी सम्मिलित नहीं किया जाएगा।

इसके बाद नव-निर्वाचित अध्यक्ष ने उन्हें आश्वासन देते हुए कहा था, ''एक हिन्दू के नाते मैं अपने पूर्ववर्ती अध्यक्ष का फार्मूला स्वीकार करते हुए अल्पसंख्यकों को स्वदेशी कलम और कागज देता हूँ, ताकि वे अपनी माँगें लिख सकें। मैं उनका अनुमोदन करूँगा। मैं जानता हूँ यही सबसे तेज तरीका है। पर

इसके लिए हिन्दुओं में साहस होना ज़रूरी है। हम दिलों की एकता चाहते हैं, कागज के टुकड़ों को जोड़कर बनी वह एकता नहीं जो जरा-से तनाव से टूट जाए। वैसी एकता तभी आ सकती है जब बहुमत अपना सारा साहस जुटाकर अल्पमत की जगह लेने को तैयार हो। यही सबसे समझदारी की बात होगी।''[11]

कांग्रेस के इस अधिवेशन की एक और विशेष बात अपने बहादुर पठानों को लेकर ब्रिटिश सरकार से टक्कर लेने वाले ख़ान अब्दुल ग़फ़्फ़ार ख़ान की उपस्थिति थी। पठान स्वभाव से उग्र होते हैं, पर बादशाह ख़ान के नेतृत्व में उन्होंने हिंसा का त्याग कर गांधी जी द्वारा बताए गए अहिंसक रास्ते से संघर्ष करना स्वीकार किया। उनके संगठन 'खुदाई खिदमतगार' को सारे देश के स्वतंत्रताप्रेमियों की प्रशंसा प्राप्त हुई और उनके नेता को सरहदी गांधी कहा गया। कांग्रेस के अध्यक्ष के नाते सरदार पटेल ने खुले दिल से उनका स्वागत किया और अधिवेशन में उन्हें सम्मानित स्थान प्रदान किया। जब उन्होंने ख़ान अब्दुल ग़फ़्फ़ार ख़ान को प्रतिनिधियों के समक्ष हिन्दू-मुस्लिम एकता के शानदार उदाहरण के रूप में प्रस्तुत किया तो सम्मेलन तालियों की गड़गड़ाहट से गूँज उठा था।

दूसरा अध्याय

गहराता संकट

सिविल नाफरमानी आन्दोलन में भाग लेने के कारण सरदार पटेल को गांधी जी के साथ 4 जनवरी, 1932 को गिरफ्तार करके यरवदा जेल में डाल दिया गया, जहाँ वे दोनों 16 महीने तक साथ-साथ रहे। रिहा होने के बाद पटेल को प्रान्तीय असेंबलियों के चुनावों के उम्मीदवारों के चयन के लिए कांग्रेस संसदीय बोर्ड का अध्यक्ष बनाया गया। वे चुनाव भारत सरकार के 1935 के कानून के अन्तर्गत हो रहे थे। चुनावी मशीनरी को ठीक करने के लिए पटेल ने दिन-रात एक कर दिया। यह उनकी कार्यकुशलता का ही फल था कि ग्यारह में से पाँच प्रान्तों में कांग्रेस मंत्रिमंडल बनाने में सफल हो सकी। तब तक जिन्ना मुस्लिम लीग का काम देखने लगे थे, पर बम्बई और यू.पी. के अलावा और कहीं उनके उम्मीदवार अच्छा प्रदर्शन नहीं कर पाए। कांग्रेस और लीग में साझा सरकारें बनाने की कुछ बातचीत तो हुई, पर उसका कुछ ठोस परिणाम नहीं निकला। हालाँकि अध्यक्ष पटेल थे, पर कांग्रेस की ओर से लीगी नेताओं के साथ समझौता-वार्ता नेहरू और आज़ाद ने की। वार्ता विफल हो गई, क्योंकि नेहरू ने अयथार्थवादी रुख अपनाते हुए यह शर्त रख दी कि पहले लीग का कांग्रेस में विलय होना चाहिए। पटेल को इस वार्ता से दूर ही रखा गया था। बाद में उन्हें पता चला कि यदि लीग के मुख्य वार्ताकार खालिकुज़्ज़मान से ढंग से पेश आया जाता तो शायद कुछ उचित समाधान निकल आता। शायद अपने व्यावहारिक रुख के कारण पटेल कोई समझौता कर लेते। अधिसंख्य इतिहासकारों के अनुसार, यह सफलता विभाजन

को रोक सकती थी। गांधी जी के सचिव प्यारेलाल ने भी लिखा है कि यह "पहले दर्जे की नीतिगत गलती थी।" लंदन के 'दि टाइम्स' अखबार के नई दिल्ली स्थित संवाददाता लुई हारेन ने भी लिखा है कि स्वयं जिन्ना ने विभाजन के कुछ माह बाद उनसे कहा था, "विभाजन के लिए नेहरू जिम्मेदार थे। यदि 1937 में वे यू.पी. की कांग्रेस सरकार में लीग को सम्मिलित करना स्वीकार कर लेते तो पाकिस्तान बनता ही नहीं।" 'अगर' और 'लेकिन' ने इतिहास की धारा को हमेशा बदला है।

पटेल कांग्रेसी मंत्रियों के काम-काज की देखरेख में जुट गए। उन्हें यह देख-देखकर पीड़ा होती थी कि लीग के आक्रामक रवैये के कारण दोनों समुदायों के बीच दीवारें खड़ी हो रही हैं। साम्प्रदायिक दंगों की बढ़ती संख्या से पटेल परेशान थे; कुर्सी के फायदों के बँटवारे के लिए होने वाली लम्बी बहसों से उन्हें चिढ़ होने लगी; यहाँ तक कि गांधी-जिन्ना वार्ता में भी उनकी रुचि नहीं रही। उन्होंने महात्मा गांधी से स्पष्ट कहा कि इन वार्ताओं से लीग की, विशेषकर लीग के अध्यक्ष की मुसलमानों में इज़्ज़त बढ़ती है। पर उनकी सलाह पर कोई ध्यान नहीं दिया गया, फलस्वरूप मुसलमानों के प्रति उनका रुख कड़ा होता गया, यहाँ तक कि मुसमलानों की उचित आशंकाओं के प्रति भी वे आँख मूँदने लगे। लेकिन, कांग्रेस और लीग में विभिन्न स्तरों पर चलने वाली समझौता-वार्ताओं में उन्होंने कोई बाधा नहीं डाली और न ही समझौते की किसी कार्रवाई का उन्होंने सार्वजनिक रूप से कभी विरोध किया। वे तो इस बात से परेशान थे कि व्यावहारिक रुख क्यों नहीं अपनाया जाता। उन्हें यह भी रास नहीं आ रहा था कि जिन्ना के साथ सख्ती से पेश आने के बजाय नरमी का रुख अपनाया जा रहा है। जब लीग ने कांग्रेस मंत्रिमंडलों पर मुसलमानों पर अत्याचार करने का आरोप लगाया तो पटेल ने उनकी कड़ी भर्त्सना की। उन्होंने न केवल सख्ती से उन आरोपों का उत्तर दिया, बल्कि इन अत्याचारों की सूची वाली पीरपुर रिपोर्ट पर भी उन्होंने कोई ध्यान नहीं दिया। गांधी जी ने सुझाव दिया कि फेडरल कोर्ट ऑफ इंडिया के मुख्य न्यायाधीश सर मारिश ग्वेयर से कहकर इन मामलों की जाँच कराई जा सकती है, पर जिन्ना को यह मान्य नहीं था। बहरहाल, ब्रिटिश शासकों को भी इन आरोपों में कोई तथ्य नहीं लगा था, ये आरोप तथ्यपरक नहीं,

राजनीति-प्रेरित थे। कांग्रेसी मंत्रिमंडलों पर सरदार पटेल की कड़ी नज़र थी, उन्होंने साम्प्रदायिक एकता के गांधीवादी कार्यक्रम में किसी प्रकार का फेरबदल करने की अनुमति उन मंत्रिमंडलों को नहीं दी। मुखिया के नाते उनकी रुचि काम होने में थी।[1]

सरदार पटेल इस बात से परेशान थे कि मुसलमान जानबूझकर धोखा खा रहे थे—एक ऐसे नेता का अन्धानुकरण कर रहे थे जो न केवल उन्हें गलत रास्ते पर ले जा रहा था, बल्कि ऐसी भावनाओं को भी उभाड़ रहा था जो गांधी जी और अली बन्धुओं द्वारा बड़ी मेहनत से बनाई हिन्दू-मुस्लिम एकता की इमारत को नष्ट कर रही थीं। हिन्दुओं के ख़िलाफ़ जिन्ना के आरोपों और उनकी अड़ंगेबाजी से पटेल क्षुब्ध थे और मुसलमानों में बढ़ती जिन्ना की लोकप्रियता उन्हें निराश कर रही थी। इस बात से मुसलमानों की समस्याओं के प्रति न केवल पटेल के रुख में परिवर्तन आया, बल्कि उनके प्रति पटेल का सारा सोच ही बदल गया। उन्हें निश्चित रूप से लगने लगा था कि साम्प्रदायिक एकता को कभी न ठीक होने वाला नुकसान हुआ है और अब यह समय की कसौटी पर खरी नहीं उतर सकती। विभाजन तक पहुँचाने वाली बाद की घटनाओं ने उनके इस विचार को पुख्ता ही किया। राजनीति की ऊबड़-खाबड़ राह उन्हें रास आती थी; सांविधानिक बारीकियाँ उन्हें दबा देती थीं; लम्बी चलने वाली वार्ताओं से उन्हें चिढ़ थी। जिन्ना कांग्रेस पर लगातार हमले कर रहे थे, उसे फासिस्ट हिन्दू संगठन बता रहे थे, जीवन के हर क्षेत्र में हिन्दू-मुस्लिमों के दृष्टिकोण में अन्तर को रेखांकित कर रहे थे—पटेल इस सबसे क्षुब्ध भी थे, और क्रुद्ध भी। यही नहीं, जिन्ना की बातों और मुसलमानों द्वारा उन्हें दी गई स्वीकृति से पटेल स्तब्ध भी थे। वे यह बात नहीं समझ पा रहे थे कि इस्लाम को इतनी गहराई से समझने वाले आज़ाद एक ऐसे व्यक्ति के प्रभाव को क्यों समाप्त नहीं कर पा रहे थे जो मुसलमान धर्म का पालन तक नहीं करता था।

जिन्ना हिन्दुओं-मुसलमानों के अन्तर को उभारकर सामने रख रहे थे; अपने भाषणों में ज़हर उगल रहे थे। पटेल भी इस बात से निराश थे कि मुसलमानों के सच्चे हितचिन्तक महात्मा गांधी पर मुसलमान विश्वास नहीं करते। यरवदा जेल में गांधी जी के साथ रहते हुए एक दिन उन्होंने लगभग निराश होकर गांधी जी

से पूछा था, ''कोई ऐसे मुसलमान भी हैं जो आपकी बात सुनते हैं?'' गांधी जी ने उत्तर दिया था, ''इससे कोई फर्क नहीं पड़ता कि मेरी बात सुनने वाला एक भी मुसलमान नहीं है। हमें यह उम्मीद नहीं छोड़नी चाहिए कि एक दिन वे वास्तविकता को समझेंगे। सत्याग्रह का आधार ही यह है कि मानवीय स्वभाव में विश्वास रखा जाए।''[2] महात्मा का विश्वास तो कभी नहीं डिगा, पर सरदार का विश्वास डगमगाने लगा था और सत्ता में हिस्सेदारी के लिए लीग-कांग्रेस के संघर्ष को देख-देखकर वे और अधिक निराश होने लगे थे। वे चाहते थे कि नेता यथार्थ को समझें और उसका मुकाबला करें, पर वे लोग बातें ज्यादा करते थे और काम कम। गुत्थी सुलझाने के लिए कोई भी पक्ष प्रयास नहीं कर रहा था मुस्लिम लीग द्वारा बहकाए जा रहे मुसलमानों को होश में लाने की कोई कोशिश नहीं हो रही थी। पटेल इस दुर्भाग्यपूर्ण निर्णय पर पहुँच गए कि लीग के इशारों पर चलकर मुसलमान अपनी कब्र खोद रहे हैं। अब उन्होंने मुसलमानों को उस राह पर न चलने देने की कोशिश करना भी छोड़ दिया। इसके विपरीत महात्मा गांधी का उनके प्रति रुख कहीं अधिक सहानुभूतिपूर्ण था। उन्होंने पटेल पर असहिष्णु होने का आरोप लगाया। यरवदा जेल में गांधी और पटेल के बीच हुई बातचीत में यह तथ्य स्पष्ट होकर सामने आया है। यह बातचीत 30 मार्च, 1932 को हुई थी। गांधी जी के सचिव महादेव देसाई ने डायरी में लिखा है :

''आज सबेरे हम लोग एक मुसलमान नेता के बारे में बात कर रहे थे। वल्लभभाई ने कहा, 'संकट की घड़ी में उन्होंने भी संकुचित साम्प्रदायिक रुख अपनाया था और मुसलमानों के लिए पृथक् कोष और पृथक् अपील की बात कही थी।' इस पर बापू ने कहा, 'इसमें उनकी कोई गलती नहीं है। मुसलमानों को हम कौन-सी सुविधाएँ देते हैं? अक्सर उनके साथ अस्पृश्यों जैसा व्यवहार होता है। यदि मैं अम्तुस सलाम को देवलाली भेजना चाहूँ तो क्या मैं...(डायरी में नाम नहीं है) को उसका नाम रखने के लिए कह सकता हूँ? सच तो यह है हिन्दुओं को पहल करनी होगी। कड़वाहट तभी खत्म हो सकती है जब हिन्दू जगें और उन बाधाओं को हटाएँ जो उन्होंने खुद खड़ी की हैं।' वल्लभभाई ने कहा, 'पर मुसलमानों के तौर-तरीके और रीति-रिवाज अलग हैं। वे मांस खाते हैं जबकि हम शाकाहारी हैं। हम उनके साथ एक जगह कैसे रह सकते हैं?' बापू

का उत्तर था, 'नहीं, जनाब, गुजरात के अलावा और कहीं भी सारे हिन्दू शाकाहारी नहीं हैं। पंजाब, यू.पी. और सिंध में लगभग हर हिन्दू मांस खाता है।'''[3]

समय बीतता गया। अंग्रेज़ अपनी ज़िद पर अड़े रहे। वल्लभभाई को विश्वास हो गया कि जब तक अंग्रेज़ों का शासन रहेगा, कांग्रेस और लीग के बीच किसी प्रकार का समझौता नहीं हो सकता। जिन्ना को अंग्रेज़ों ने बनाया था। पहले जिन्ना उनकी धुन पर नाचते थे, अब वे जिन्ना की धुन पर नाच रहे थे। दूसरा विश्वयुद्ध छिड़ने के कारण गांधी जी और वायसराय की वार्ता टूट जाने पर प्रेस को दिए गए वक्तव्य में सरदार पटेल ने कहा था, कांग्रेस नाजियों की जीत अथवा मित्र राष्ट्रों की हार नहीं चाहती; पर अंग्रेज़ों द्वारा बार-बार की जा रही इस घोषणा से कांग्रेस को दुख होता है कि भारत स्वशासन के काबिल नहीं है। सरदार ने कहा कि इस बात को पूर्वशर्त की तरह भारतीयों के समक्ष रखा जा रहा है कि पहले कांग्रेस को मुसलमानों के साथ अर्थात् लीग के साथ सुलह करनी होगी। यदि कांग्रेस लीग के साथ समझौता करने में सफल हो गई तो सम्भवतः उसे राजाओं के साथ समझौता करने के लिए कहा जाएगा, यूरोपियनों के साथ, फिर किसी और के साथ। पटेल ने कहा, ''इस तरह वे इस देश में मतभेद को बढ़ाए रखना चाहते हैं, उस बन्दर की तरह, जिसके पास दो बिल्लियाँ अपना झगड़ा लेकर गई थीं। यह सही है कि और किसी भी जगह की तुलना में हमारे देश में राजाओं की संख्या बहुत बड़ी है। हम यह भी मानते हैं कि हिन्दुओं और मुसलमानों में मतभेद है। हाँ, हम यह भी स्वीकार कर सकते हैं कि इस देश में सम्पत्ति की कमी नहीं। पर यह सब कुछ हमारा है या आपका? हमारे सबसे झगड़ों का कारण आप हैं।''[4]

गांधी जी ने लंदन में हुई गोलमेज कॉन्फ्रेंस में इस बात पर सहमति व्यक्त की थी कि चूँकि विभिन्न दलों के नेता प्रतिनिधित्व का कोई स्वीकृत फार्मूला तय नहीं कर पाए हैं, अतः ब्रिटिश प्रधानमंत्री रैमसे मैक्डोनल्ड इसका निर्णय करें। इसलिए पटेल ने अपने उपर्युक्त विचार गांधी जी को भी बता दिए थे। गांधी जी द्वारा व्यक्त सहमति पर पटेल की प्रतिक्रिया महादेव देसाई ने 1932 में अपनी डायरी में लिखी है। उस समय गांधी जी और सरदार पटेल दोनों यरवदा जेल में बन्दी थे। महादेव देसाई ने लिखा है, ''वल्लभभाई : मैक्डोनल्ड इन सारे विरोधों को पचा जाएगा और उसका निर्णय (सम्प्रदाय के आधार पर मतदान के बारे में)

निश्चित रूप से हमारे विरुद्ध जाएगा। गांधी : मुझे अब भी उम्मीद है कि मैक्डोनल्ड टोरियों के ख़िलाफ़ खड़े होंगे। वल्लभभाई : आप गलत सोच रहे हैं। वे सब एक ही थैली के चट्टे-बट्टे हैं। गांधी : फिर भी मैं समझता हूँ कि उनके अपने विचार हैं। वल्लभभाई : यदि ऐसा होता तो वे अपने आप को टोरियों के हाथ बेच क्यों देते? वे हमारा पीछा नहीं छोड़ने वाले।''[5]

कम्युनल एवार्ड के प्रकाशन के बाद, जिसमें मुसलमानों और सिखों को ही नहीं परिगणित जातियों को भी पृथक् मताधिकार दिया गया था, पटेल ने गांधी जी को बताया कि ब्रिटिश प्रधानमंत्री के बारे में उनकी राय कितनी गलत थी। भले ही वह लेबर पार्टी का सदस्य था, पर वह टोरियों से भी गया-गुजरा था। पटेल का मानना था कि देश में अपनी पृथक् राजनीतिक सम्बद्धताओं के बावजूद उनमें से कोई भी अपने साम्राज्य को स्वेच्छा से त्यागने को तैयार नहीं है, उन्हें ऐसा करने के लिए विवश ही करना होगा।

भारतीय राजनीति लगातार साम्प्रदायिक रुख अपनाती जा रही थी और सांविधानिक गुत्थी को सुलझाने के बारे में सरदार पटेल और महात्मा गांधी के बीच विचार-वैभिन्य बना हुआ था। गांधी जी समझौता चाहते थे, इसके लिए उन्होंने अलग-अलग तरह से कोशिशें कीं, यहाँ तक कि जिन्ना को मनाने के लिए उन्हें फुसलाया भी। पटेल को लग रहा था कि लीग का मुकाबला किया जाना चाहिए, सद्भाव के प्रयासों का यदि समुचित उत्तर नहीं मिल रहा तो उन्हें छोड़ देना चाहिए। एक बार गांधी जी ने पटेल से कहा कि मुसलमानों के मन-मस्तिष्क को समझने के लिए उन्हें उर्दू सीखनी चाहिए। पटेल ने अपने ही ढंग से इस बात के जवाब में कहा था, ''सड़सठ साल बीत चुके, अब यह मिट्टी का घड़ा टूटने ही वाला है। बहुत देर हो चुकी उर्दू सीखने में, फिर भी मैं कोशिश करूँगा। लेकिन, आपके उर्दू सीखने का भी कुछ लाभ नहीं हुआ। आप जितना उनके नज़दीक जाने की कोशिश करते हैं, वे उतना ही दूर होते जाते हैं।''[6]

जब सरदार पटेल नासिक जेल में बन्दी थे तो एक बार फिर अहमदाबाद में भीषण हिन्दू-मुस्लिम दंगा हो गया जो पटेल के लिए यह एक व्यक्तिगत आघात था। पता लगाने पर उन्हें बताया गया कि अंग्रेज़ अधिकारियों ने जानबूझकर यह दंगा करवाया था। उन्हें लग रहा था कि एकता के लिए जिस शहर में उन्होंने इतनी

कोशिश की थी, कम से कम वह शहर तो अंग्रेज़ों की चालों का शिकार नहीं होना चाहिए था। 19 मई,1941 को उन्होंने निराशा और अवसाद में डूबकर महादेव देसाई को लिखा था, ''मैं यह नहीं समझ पा रहा हूँ कि हमारे लोग इतने हताश कैसे हो गए...एक ही कारण जो मेरी समझ में आ रहा है, वह यह है कि हमारे अपने कार्यकर्ताओं ने अपनी सुरक्षा का ही ध्यान रखा होगा, इसीलिए सामान्य आदमी हिम्मत खो बैठा। आपके पास घटनाओं का पूरा ब्योरा आया होगा। जो हो चुका उसे अब हम बदल नहीं सकते और जो बीत गया उस पर पछताने का भी अब कोई लाभ नहीं। पर हमें भविष्य के बारे में सोचना ही होगा और कोई न कोई हल निकालना ही होगा। आगे हमें और भी मुश्किल समय से गुजरना है, और यह सोचना मूर्खता ही होगी कि जिस सरकार के ख़िलाफ़ हम लड़ रहे हैं, वह हमारी सहायता करेगी। मुझे विश्वास है कि आपने इस बारे में विचार किया होगा। अभी तक बम्बई में स्थिति सामान्य नहीं हुई है। उम्मीद है पटना में शान्ति हो गई होगी। ऐसा लगता है जैसे साम्प्रदायिक दंगों की महामारी ही फैल गई है। जिसका हमें डर था, वही हो गया। जो ईश्वर को मंजूर हो।''[7]

रिहाई के बाद कांग्रेस हाउस, अहमदाबाद, में एकत्र हजारों कार्यकर्ताओं को सम्बोधित करते हुए उन्होंने कहा, ''इस शहर में हुए दंगों का समाचार सुनकर मुझे जो चोट पहुँची, मेरे भीतर तक जो घाव लगे, वे अभी तक भरे नहीं हैं। मैं अभी तक स्थिति से समझौता नहीं कर पाया। आखिर आप पर ऐसा क्या हावी हो गया कि आप अचानक एक-दूसरे का गला काटने पर उतारू हो गए?'' अकारण ही सैकड़ों लोग मारे गए। यदि दस आदमी भी हिम्मत करके बदमाशों के सामने खड़े हो जाते, तो जो हुआ है, वह नहीं होता। मैं आपको बताना चाहता हूँ कि गांधी जी को बहुत दुख पहुँचा है, क्योंकि अहमदाबाद ने दुनिया की नज़रों में उन्हें मूर्ख साबित कर दिया है। फिर आपने सरकार के पास जाकर जाँच की माँग की। भविष्य में कभी भागिएगा नहीं। मुकाबला कीजिए। सारी दुनिया यही कर रही है। यदि कर सकते हैं तो बड़ी ताकत से दुश्मन का मुकाबला कीजिए अर्थात् गांधी जी के अहिंसा के रास्ते से। आप हिन्दू हों या मुसलमान, खड़े होकर दुश्मन का मुकाबला कीजिए, पर अहिंसा के नाम पर अपनी कायरता का बचाव मत कीजिए। इन दंगों के दौरान अहिंसा का कहीं नामो-निशान नहीं था।

हमने अहिंसा को अपनी कायरता का बहाना बना लिया है।''[8]

कांग्रेस और वायसराय के बीच समझौता-वार्ता टूटने के बाद गांधी जी ने जिन्ना के साथ समझौता करने पर अपना ध्यान केन्द्रित किया। पर जिन्ना को समझाना लगातार मुश्किल होता जा रहा था। 1940 में लाहौर में लीग से पाकिस्तान का प्रस्ताव पारित करवाकर तो जैसे उन्होंने वार्ता का दरवाजा ही बन्द कर दिया था। पर भारत की एकता बचाए रखने के बारे में गांधी जी अभी भी आशावादी थे, उनकी दृष्टि में देश के टुकड़े करना पाप था, वे इसे किसी भी कीमत पर बचाना चाहते थे। बीच के रास्ते के रूप में राजाजी ने सुझाव दिया कि मुसलमान बहुमत वाले क्षेत्रों को स्व-निर्णय का अधिकार दे दिया जाए; इससे तो कांग्रेस कार्यकारिणी का सारा गुस्सा जैसे उनके सिर पर टूट पड़ा। राजाजी के साथ लम्बी और गहरी मैत्री के बावजूद सरदार क्रुद्ध थे। ऐसा हानिकारक प्रस्ताव रखने के लिए उन्होंने खुलेआम राजाजी की आलोचना की।

अन्तरराष्ट्रीय दबाव के बावजूद चर्चिल के नेतृत्व में ब्रिटेन अपने इतिहास के उस नाजुक दौर में थोड़ी-सी भी स्वतंत्रता देने के लिए तैयार नहीं था। अंग्रेज़ों के इस दुराग्रह से गांधी जी और कांग्रेस दोनों हताश हो चुके थे। 1942 का भारत-छोड़ो आन्दोलन इसी हताशा का चरम परिणाम था। स्वतंत्रता देने के बजाय अंग्रेज़ों ने आतंक का शासन स्थापित कर दिया, सभी महत्त्वपूर्ण कांग्रेसी नेताओं को बन्दी बना लिया गया, दमन का चक्र चलने लगा। कांग्रेस कार्यसमिति के अन्य सदस्यों के साथ सरदार पटेल को नासिक जेल में बन्दी बना दिया गया। जेल में कांग्रेस कार्य-समिति के प्रतिष्ठित सदस्य डॉ. सैयद महमूद के व्यवहार ने मुसलमानों के प्रति पटेल को काफी हद तक पूर्वग्रही बना दिया। डॉ. महमूद को अचानक रिहा कर दिया गया था। पहले तो सरदार ने यह समझा कि उन्हें डॉक्टरी सलाह पर छोड़ा गया है, क्योंकि डॉ. महमूद की तबीयत ठीक नहीं चल रही थी, पर बाद में पटेल को पता चला कि उन्होंने वायसराय को पत्र लिखकर स्वयं को भारत-छोड़ो आन्दोलन से पृथक् कर लिया था। अपने पुत्र डायाभाई को लिखे पत्र में सरदार पटेल ने सैयद की कड़ी भर्त्सना की थी : ''कल्पना करना मुश्किल है कि वे एक लम्बे अर्से तक उसी कमरे में (नेहरू के साथ) थे। उन्हें अपने साथियों पर विश्वास नहीं था। वे अपनी हर बात साथियों से छिपाते रहे।

कितने शर्म की बात है—यदि इसके बदले भगवान ने उन्हें मौत दे दी होती, तो उनके जीवन के साथ मधुर गंध तो जुड़ी रहती।''[9]

1946 के असेम्बली चुनावों के दौरान सरदार और आज़ाद के बीच मतभेद और तीव्र हो गए। इस आशा में कि वे लोग को एक शिथिल संघ राज्य की अवधारणा से सहमत कर लेंगे, लीग के प्रति आज़ाद का रुख कुछ नरम हो गया था। पर पटेल जिन्ना के इरादों को विफल बनाने के लिए मुसलमानों की लीग-विरोधी भावनाओं को उभारना चाहते थे। चुनाव के परिणामों ने दोनों के आकलनों को गलत सिद्ध कर दिया। मुसलमानों की भावनाओं के सन्दर्भ में पटेल का अनुमान भी गलत निकला और जिन्ना के रुख में किसी प्रकार की नरमी की आज़ाद की आशा भी गलत साबित हुई। चुनावों में मिली सफलता ने जिन्ना के अहं को और बढ़ावा ही दिया। उनका घमंड और बढ़ गया। पटेल इस बात पर जोर दे रहे थे कि कांग्रेस को ताकत की स्थिति में बोलना चाहिए। आज़ाद ने माना कि उनका दृष्टिकोण गलत था, इसलिए पटेल को पत्र लिखकर अपने रुख तथा मतभेद वाले कुछ अन्य मुद्दों पर खेद व्यक्त किया। उन्होंने इच्छा व्यक्त की कि उन दोनों के बीच कोई गलतफ़हमी नहीं होनी चाहिए। उन्होंने पटेल को आश्वासन दिया, ''पिछले 26 साल से हम मिल-जुलकर पूरे सामंजस्य के साथ काम करते रहे हैं। हमारे सार्वजनिक जीवन की हर सुबह और हर शाम दोस्ती और आपसी समझ-बूझ में गुजरी है।''[10] पर दोनों के बीच मतभेद अक्सर उभरते रहे। विभाजन के बाद मतभेद और बढ़ गए। मरणोपरांत प्रकाशित अपनी पुस्तक 'इंडिया विन्स फ्रीडम' में आज़ाद ने सरदार के ख़िलाफ़ कई असहृदय बातें लिखीं। आज़ाद के सहयोगी हुमायूँ कबीर ने 'स्टेट्समैन' को बताया था कि अपने आखिरी दिनों में आज़ाद इस निष्कर्ष पर पहुँचे थे कि पटेल के बारे में उनकी सोच गलत थी। उन्होंने हुमायूँ कबीर से कहा था कि 1946 में उन्हें कांग्रेस अध्यक्ष पद के लिए नेहरू के बजाय पटेल का नाम प्रस्तावित करना चाहिए था। सैद्धांतिक दृष्टि से आज़ाद नेहरू के अधिक निकट थे, पर वे पटेल को व्यावहारिक राजनीतिज्ञ मानते थे। उन्होंने हुमायूँ कबीर से कहा था, ''(पटेल) नेहरू से बेहतर प्रधानमंत्री सिद्ध होते।''[11] इच्छित परिणाम प्राप्त करने में वे कहीं अधिक सफल होते।

वेवल के वायसराय नियुक्त होने पर कांग्रेस कार्यसमिति के अन्य सदस्यों के साथ सरदार पटेल को भी रिहा कर दिया गया था। इसके बाद कांग्रेस और लीग के बीच समझौते में वेवल के प्रयास की विफलता, 1945 में ब्रिटेन में चर्चिल और टोरियों की चुनाव में हार, एटली के नेतृत्व में लंदन में लेबर सरकार का गठन, लार्ड पैथिक-लारेंस, सर स्टेफर्ड क्रिप्स और ए.वी. एलेक्जेंडर के तीन सदस्यीय कैबिनेट मिशन का भेजा जाना आदि महत्त्वपूर्ण घटनाएँ हैं, पर इन सबका विवरण यहाँ ज़रूरी नहीं है। इस दौरान वेवल ने अधिकांश महत्त्वपूर्ण नेताओं के साथ व्यक्तिगत बातचीत करके या पत्र-व्यवहार द्वारा विचार-विमर्श किया था। वेवल की कोशिश थी कि वे उनकी एक्जीक्यूटिव काउंसिल में सम्मिलित हो जाएँ, पर उनकी यह कोशिश सफल नहीं हुई। कांग्रेस और लीग दोनों की यह शर्त थी कि काउंसिल में सम्मिलित होने वालों को काम करने की पूरी स्वतंत्रता की गारंटी होनी चाहिए। सदस्यों के चयन में भी एक बाधा थी— कांग्रेस इस बात पर अड़ी हुई थी कि वह अपने प्रतिनिधि के रूप में एक मुसलमान को भी मनोनीत करेगी, जबकि लीग यह माँग कर रही थी कि सभी मुसलमान सदस्यों के चयन का अधिकार सिर्फ उसे ही होना चाहिए। आज़ाद यह माँग स्वीकार करने को तैयार थे। उन्होंने सर स्टेफर्ड क्रिप्स को इस आशय का लिखित आश्वासन भी दे दिया था; पर पटेल ने इसे नामंजूर कर दिया। उन्होंने कहा, यदि यह बात स्वीकार कर ली गई तो भविष्य में किसी कांग्रेसी मुसलमान को कोई पद नहीं मिल पाएगा। भले ही लीग सिर्फ मुसलमानों की संस्था हो, पर कांग्रेस के दरवाजे किसी मुसलमान के लिए कभी बन्द नहीं होंगे, और न ही उन्हें किसी अवसर या पद से वंचित किया जाएगा। पटेल ने इससे पहले पंजाब प्रान्तीय कांग्रेस कमेटी का अध्यक्ष बनने वाले मियाँ इफ़्तख़ारुद्दीन की भी यह कहने के लिए भर्त्सना की थी कि लीग मुसलमानों के लिए वैसी ही संस्था बन गई है, जैसी हिन्दुओं के लिए कांग्रेस है। मियाँ का झुकाव भारतीय कम्युनिस्टों की ओर था, जो लीग को प्रगतिशील ताकत निरूपित किया करते थे। सरदार इस बात से पूर्णतया असहमत थे।

इन दो प्रमुख दलों में और भी मतभेद थे। वेवल शिमला में इन मतभेदों को दूर नहीं कर पाए। यद्यपि पटेल समझौता-वार्ता करने वाले कांग्रेसी दल के

महत्त्वपूर्ण सदस्य थे, पर वायसराय उनसे मिलने से कतराते थे। उन्हें यह लगता था कि लीग से समझौता करने में सरदार पटेल सबसे बड़ी बाधा हैं, इसलिए वे यह मानते थे कि समझौता-प्रक्रिया में उन्हें सम्मिलित करने से शायद कोई लाभ न हो। उधर, सरदार को शक था कि जिन्ना के प्रति वायसराय का रुख नरम है, इसीलिए वे पटेल से मिलने से कतराते थे। वेवल ने तो अपनी डायरी में भी लिखा था कि पटेल हिंसक बल-परीक्षा तक के लिए तैयारी कर रहे थे। वायसराय को खुफिया सूत्रों ने बताया था कि पटेल "बहुत कठोर हैं और कांग्रेस की आक्रामक नीतियों के नियंता भी वही हैं।" 9 अगस्त, 1945 को दिए गए पटेल के भाषण से वायसराय की यह धारणा और दृढ़ हो गई। इस भाषण में पटेल ने कहा था, "अंग्रेज़ हिन्दू-मुस्लिम झगड़ों की बात करते हैं, पर यह बोझ उनके कन्धों पर लादा किसने है? यदि वे ईमानदारी से कुछ करना चाहते हैं तो उन्हें चाहिए कि वे कांग्रेस या लीग के हाथ में सत्ता सौंप दें या अन्तरराष्ट्रीय मध्यस्थता स्वीकार कर लें।"[12] उन्होंने अंग्रेज़ों से कहा कि वे उन्हें सिर्फ एक सप्ताह के लिए ब्रिटेन पर राज करने दें और वे अंग्रेज़ों, वेल्श और आयरिश लोगों के बीच ऐसे मतभेद पैदा कर देंगे कि वे हमेशा लड़ते ही रहेंगे। 'फूट डालो और राज करो' का खेल साम्राज्यवादी हमेशा खेलते रहे हैं और पटेल का कहना था कि अंग्रेज़ों ने इस खेल में महारत हासिल कर ली है।

इन शब्दों में गुस्सा है, पर इसका मतलब यह नहीं है कि वे शान्तिपूर्ण समझौते के विरुद्ध थे; स्वतंत्रता और एकता के सवाल पर वे कोई समझौता नहीं कर सकते थे। जनवरी 1946 में जब वेवल पहली बार पटेल से मिले तो उन्होंने स्वयं इस बात को समझा था, "उनका व्यक्तित्व आकर्षक नहीं है, और वे झुकने वाले भी नहीं हैं, पर जिन भारतीय राजनेताओं से मैं मिला हूँ उनमें से अधिकांश से कहीं अधिक पुरुषोचित हैं वे...पटेल ने शुरुआत ही आरोपों से की कि अंग्रेज़ जिन्ना और मुस्लिम लीग का समर्थन कर रहे हैं कि जिन्ना को शिमला कॉन्फ्रेंस विफल बनाने दी गई कि आज़ाद के प्रति जिन्ना का व्यवहार असहनीय है, आदि-आदि...उन्होंने कहा कि उन्हें नहीं समझ आ रहा कि अंग्रेज़ों को भारत छोड़ देना चाहिए तथा भारतीयों को अपनी समस्याएँ स्वयं सुलझाने देनी चाहिए। मैंने कहा था कि यह आशा तो उन्हें नहीं करनी चाहिए कि हम भारत को

अराजकता और गृहयुद्ध के हवाले कर देंगे, किसी तरह का कोई समझौता तो होना ही चाहिए। उनकी बातों से ऐसा नहीं लग रहा था कि वे इसे स्वीकार करेंगे, इसलिए मैंने पाकिस्तान की बात ही नहीं की। मैंने सिर्फ इतना ही कहा कि जब तक कोई नई सरकार नहीं बन जाती, यह मेरा काम है कि मैं कानून-व्यवस्था बनाए रखूँ। वे इस बात से सहमत थे।''[13]

मुसलमानों में लीग की बढ़ती लोकप्रियता और 1946 के चुनावों में उसे मिली सफलता के बावजूद सरदार पटेल भारत को एक रखने के अपने संकल्प से डिगे नहीं। उन्हें लग रहा था कि मुस्लिम लीग के असंवेदनशील नेताओं से बातचीत करने के बजाय कांग्रेस को सामान्य मुसलमानों से बात करनी चाहिए। पश्चिमोत्तर सीमाप्रान्त में कांग्रेस को मिली सफलता और एक सीमा तक पंजाब में यूनियनिस्टों को मिले प्रतिसाद से वे उत्साहित थे। कुछ अन्य प्रान्तों में कांग्रेस टिकट पर मुसलमान उम्मीदवारों की विजय से भी उन्हें उत्साह मिला था। सिंध में भी स्थिति लीग के लिए असुविधाजनक हो रही थी, और एक सीमा तक इसका श्रेय भी पटेल को ही जाता था। फिर भी पटेल ने दुख प्रकट करते हुए कहा था, ''कांग्रेसियों ने ग्रामीण क्षेत्रों में काम नहीं किया और शहरी इलाकों में भी उन्होंने गैर-मुसलमानों में ही काम किया। परिणामों ने बता दिया है...कि यदि कांग्रेसियों ने ईमानदारी से साम्प्रदायिक एकता के लिए काम किया तो सारे भारत में हिन्दू-मुस्लिम एकता का पुराना माहौल लौटाया जा सकता है। पटेल की विचारप्रधान जीवनी में इस बारे में टिप्पणी करते हुए राजमोहन गांधी ने लिखा है, ''फिर भी मुसलमानों में सरदार का काम बहुत कम ही रहा। कुछ मुसलमानों से वे अच्छी तरह परिचित थे—बकरोल में एक नौकर, करमसाद में एक किरायेदार, साबरमती आश्रम का कुरेशी और अब्बास तैयब जी, डॉ. अंसारी, ग़फ़्फ़ार ख़ान और मौलाना आज़ाद समेत कांग्रेसी सहयोगी। फिर भी न मुसलमान जगत में उनकी पैठ थी और न ही मुसलमान उनकी दुनिया में आए। जहाँ गांधी हिन्दुओं और मुसलमानों दोनों का प्रतिनिधित्व करना चाहते थे और कहते थे, 'मैं मात्र हिन्दू की तरह नहीं बोल सकता, मैं सिर्फ भारतीय की तरह बोल सकता हूँ,' वल्लभभाई ने कभी भी मुसलमानों के प्रतिनिधित्व का दावा नहीं किया। हिन्दू की तरह बोलना उन्हें स्वाभाविक लगता था।''[14]

पटेल की इस्लाम की समझ भी सीमित थी; मैं नहीं समझता इस्लाम के सिद्धान्तों को समझने के लिए उन्होंने कभी कोई पुस्तक पढ़ी होगी। इस्लाम के बारे में उन्होंने जो कुछ जाना, वह अपने मुसलमान सम्पर्कों की बदौलत। इनमें से बहुत- से ऐसे थे जिन्हें सच्चा प्रतिनिधि अथवा मुसलमान-सिद्धान्तों का अनुगामी भी नहीं कहा जा सकता। मौलाना मोहम्मद अली, डॉ. एस.ए. अंसारी और मौलाना आज़ाद से उनके सम्पर्क उन्हें इस्लाम की सही तस्वीर दे सकते थे। ये तीनों मुसलमान धर्म के विद्वान थे। पर ऐसा कोई प्रमाण कहीं नहीं मिलता कि पटेल ने इन लोगों से कभी इस्लाम के बारे में विचार-विमर्श किया हो। मुसलमानों और उनके धार्मिक दर्शन एवं इतिहास के बारे में पटेल ने रोजमर्रा की घटनाओं से और इधर-उधर सुनकर जाना। न तो उन्होंने अधिक जानने की कोशिश की और न ही उनके मुसलमान सहयोगियों ने उन्हें इस बारे में बताया। लेकिन, इसका यह अर्थ नहीं है कि उनकी इस्लाम में कोई रुचि नहीं थी। हिन्दू धर्म के बारे में भी उनका ज्ञान बहुत गहरा नहीं। था। उन्होंने गीता, रामायण और महाभारत अवश्य पढ़ा था और उन्हें अपने धर्म की समृद्ध विरासत पर हमेशा गर्व रहा, पर सामान्य रुचि से आगे वे कभी नहीं बढ़े। वास्तव में, महादेव देसाई के अनुसार, सरदार ने एक दिन उनसे पूछा था, स्वामी विवेकानन्द कौन थे। आश्चर्यचकित गांधी जी के सचिव ने उन्हें इस अज्ञान के लिए उलाहना भी दिया और रोमां रोलां द्वारा लिखित स्वामी विवेकानन्द की जीवनी भेंट की। मृत्यु से एक-दो वर्ष पहले ही सरदार पटेल ने एलोरा-अजंता की गुफाएँ देखी थीं और अभिभूत हुए थे। ये गुफाएँ हिन्दू, बौद्ध और जैन भक्तों ने विश्व सभ्यता के इतिहास में भारत की शान और सम्मान को बढ़ाने के लिए बनाई थीं।

जिन्ना के साथ समझौता करने के गांधी जी समेत कांग्रेसी नेताओं के प्रयासों से सरदार परेशान रहते थे, क्योंकि ऐसे हर अवसर का उपयोग जिन्ना ने कांग्रेसी नेताओं को नीचा दिखाने के लिए किया। घमंड तो जैसे जिन्ना की पहचान बन गया था, और वे सफलतापूर्वक इसका फायदा उठाते रहे। पटेल इस बात से बहुत नाराज थे। उनका मानना था कि यदि कांग्रेस के लोग ''राजनीति में रुचि रखने वाले और प्रभावशाली मुसलमानों'' से निकट सम्बन्ध रखें तो शायद वे जिन्ना के तानाशाही नेतृत्व को कुछ कमज़ोर कर सकें। उन्हें आशा थी कि इस दिशा

में किए गए ठोस प्रयासों का अच्छा परिणाम निकल सकता है। उन्होंने कहा कि जिन्ना के करिश्मे के बावजूद, सिंध, पंजाब और बंगाल जैसे मुसलमान-बहुल क्षेत्रों में लीग बहुत ज्यादा ताकतवर नहीं थी। ख़ान अब्दुल ग़फ़्फ़ार ख़ान ने पठानों के बीच पैर जमाने के जिन्ना के प्रयासों को विफल कर दिया था, सीमांत प्रदेश अजेय बना रहा। फिर भी मनोवैज्ञानिक वातावरण कुछ ऐसा था कि पटेल के सब साथी लीग के साथ समझौता करने के पक्ष में थे। गांधी जी हमेशा ही आशावादी रहे; आज़ाद और ग़फ़्फ़ार ख़ान हिन्दुओं-मुसलमानों के बीच किसी तरह की पारस्परिक समझ चाहते थे, जो, उन्हें लगता था, लीग के बिना सम्भव नहीं है। राजाजी पूरी तरह इस बात के पक्ष में थे कि जिन्ना के साथ समझौता होना चाहिए। नेहरू दुविधा में थे। उन्हें जिन्ना पसन्द नहीं थे, पटेल की तरह ही वे जिन्ना पर विश्वास भी नहीं करते थे, पर साम्प्रदायिक टकराव के विचार से ही उन्हें घृणा थी। दिग्गजों में सिर्फ पटेल ही थे जो जिन्ना से सीधा मुकाबला चाहते थे, लीग से सीधे टकराव के पक्ष में थे। उन्होंने अपने साथियों से कहा कि वे अतीत पर विचार करके निर्णय करें। उन्होंने कहा, कांग्रेस ने कितनी बार लीग से समझौता करने की कोशिश की है, पर परिणाम क्या निकला? उन्होंने कहा, लीग का पूरा मुकाबला करना ज़रूरी है, कांग्रेस को बताना चाहिए कि वह मुकाबले के लिए तैयार है।

तीसरा अध्याय

विभाजन की ओर

पटेल ने गांधी जी को अपने विचारों से सहमत कराने का बहुत प्रयास किया, पर उन दोनों का सोचने का तरीका ही भिन्न था। सहज मानवीय अच्छाई में गांधी जी का विश्वास अटूट था, और दूसरी ओर पटेल यह मानते थे कि कुछ मामलों में इसका उलटा असर हो सकता है। जिन्ना समझाने-बुझाने से बदलने की सीमा पार कर चुके थे, भारत के व्यापक हितों के लिए उनसे लड़ना ज़रूरी था। 1945 में पटेल ने जिस तरह गांधी जी को जिन्ना से कभी न खत्म होने वाली बातचीत से विमुख करने की कोशिश की थी, इसके बारे में 'भवन्स जर्नल' के विद्वान सम्पादक एवं पटेल के निकट-सहयोगी रह चुके एस. रामकृष्णन ने कहा है, "सरदार उत्तेजित तो थे, पर वे लम्बी बहस में नहीं पड़ना चाहते थे, इसलिए उन्होंने गांधी जी को एक छोटा-सा पत्र लिखा : 'बापू, आपको एक पुरानी कहावत याद दिलाऊँ—प्यार के मामलों में कम प्यार करने वाले का पलड़ा ही भारी रहता है'।"[1] महात्मा यह पढ़कर हँस दिए थे, पर एक क्रूर और लालची सौदागर को, जो शायलाक की तरह अपने हिस्से का मांस माँग रहा था, प्यार से जीतने की कोशिश को पटेल की यह बात रोक नहीं पाई। और किसी डेनियल को न्यायाधीश बनाकर लाने की मंशा अंग्रेज़ों की भी नहीं थी। उन्होंने लीग और कांग्रेस के संघर्ष को हवा ही दी। पटेल ने भी इन निरर्थक प्रयासों को समाप्त करने की अपनी कोशिश नहीं छोड़ी और अन्ततः अपने सहयोगियों को अपनी बात मनवाने में सफल हो ही गए और कांग्रेस ने लीग के साथ सम्पर्क-सूत्र जोड़े रहने का विचार छोड़ दिया। इससे जिन्ना का परेशान होना स्वाभाविक था,

क्योंकि उनकी रणनीति को इससे धक्का लगा था। अब तक वे समझौता-वार्ताओं पर पल रहे थे और अपने विरोधियों को मात देते रहे थे। सरदार के दबाव में कांग्रेस के रुख में अचानक आए परिवर्तन को देखकर जिन्ना ने आगा ख़ाँ को मध्यस्थता के लिए मनाया। पर कांग्रेस में सबने उनसे यही कहा कि पहले वे पटेल से बात कर लें। सरदार को मनाने के लिए आगा ख़ाँ ने हर सम्भव प्रयास किया, पर वे सफल नहीं हो सके, लौह पुरुष ने झुकने से इनकार कर दिया। उन्होंने आगा ख़ाँ को बताया कि किस तरह जिन्ना कांग्रेस और हिन्दुओं के साथ हमेशा ही दुर्व्यवहार करते रहे थे और किस तरह समझौता टालने के लिए वे लुका-छिपी का खेल खेलते रहे। आगा ख़ाँ ने कहा, जिन्ना अब बदल गए हैं और अब ''वे बेहतर मन:स्थिति में हैं।'' तब पटेल ने पूछा था, ''क्या बिच्छू कभी अपना रंग बदलता है?'' पर आगा ख़ाँ फिर भी कोशिश करते रहे, पर सरदार ने उन्हें स्पष्ट कर दिया कि जिन्ना ''हमें अपने जाल में फँसाने की कोशिश कर रहे हैं।''

यदि पटेल-जिन्ना में बात हो जाती तो शायद परिणाम कुछ भिन्न होते। एक बात में वे दोनों एक जैसे थे। जैसा कि पटेल ने कहा था, ''मैं न राजनीतिज्ञ हूँ और न ही राजनेता। मैं तो एक सीधा-सादा किसान हूँ और मेरा एक सीधा-सा तरीका है—जब तक मुझे वह प्राप्त नहीं हो जाता, जो मैं चाहता हूँ, मैं इनकार करता रहूँगा।''[2] इनकार करने की महारत जिन्ना को भी हासिल थी, पर पटेल में जिन्ना को हराने की क्षमता कहीं अधिक थी। आगा ख़ाँ ने कोशिश बहुत देर से की, तब तक बहुत नुकसान हो चुका था। कांग्रेस की निन्दा कर-करके जिन्ना ने सारे राजनीतिक वातावरण को ही विषाक्त बना दिया था। लीग के साथ बातचीत का कुछ परिणाम निकल सकता है, अब किसी को यह विश्वास ही नहीं रहा था। इसलिए कांग्रेस अनिच्छापूर्वक इस निष्कर्ष पर पहुँची थी कि भारत के समूचे इतिहास में हिन्दुओं को सबसे अधिक नाराज़ करने वाले व्यक्ति से कोई समझौता नहीं हो सकता। जिन्ना को अंग्रेज़ों पर भरोसा था, पर अंग्रेज़ों को जिन्ना को यह समझाना पड़ा कि यह दोनों हाथों में लड्डू वाला खेल उन्हें छोड़ना होगा। अपनी विषभरी बातों से जिन्ना ने हिन्दुओं को जितना दूर कर दिया था, उतना किसी धर्मांध मुगल शासक ने भी कभी नहीं किया था। जिन्ना न केवल पटेल के लिए, बल्कि लगभग हर कांग्रेसी नेता के लिए एक अभिशाप बन गए थे।

जिन्ना ने हिन्दुओं को मुसलमानों से घृणा करना सिखाया और मुसलमानों को हिन्दुओं से। 1937 तक जिन्ना पढ़े-लिखे हिन्दुओं को बहुत प्रिय थे। वे जिन्ना के धर्मनिरपेक्ष विचारों और राष्ट्रीय उद्देश्यों के प्रति उनके समर्पण के प्रशंसक थे। कवयित्री-राजनेता सरोजिनी नायडू ने उन्हें हिन्दू-मुस्लिम एकता का सर्वश्रेष्ठ राजदूत कहा था। पर सत्ता के लालच में जिन्ना ने वह सब कुछ त्याग दिया, जो उन्होंने चार दशकों में कमाया था। अपनी जीवन-संध्या में उन्होंने हिन्दुओं और मुसलमानों के बीच खाई को बढ़ाया, इसी में उन्हें अपनी अभिलाषाओं की पूर्ति दिखाई दे रही थी। जिन्ना कभी सक्रिय मुसलमान नहीं रहे, पर उन्होंने आक्रामक साम्प्रदायिक नेतृत्व का मुखौटा पहन लिया था; कभी उनकी ओर ध्यान न देने वाले मुसलमान 'इस्लाम खतरे में है' के जिन्ना के नारे के साथ बह गए। धर्मप्रेमी लोगों को नया-नया धर्मात्मा बना व्यक्ति हमेशा अधिक आकर्षक लगता है; ईमानदारी का दिखावा उन्हें वास्तविकता के प्रति अन्धा बना देता है। एक हिन्दू होने के नाते सरदार इस 'धर्मांतरण' के बारे में कुछ नहीं जानते थे, इसलिए इस आश्चर्यजनक प्रक्रिया को भी नहीं समझ पाए। इस प्रक्रिया का रीतापन स्पष्ट था, पर मुसलमानों पर इस प्रक्रिया के नियंता का असर समझ से परे की बात थी।

इस बीच कैबिनेट मिशन दिल्ली पहुँच चुका था, और तीन महीने से अधिक समय तक कांग्रेस और लीग के प्रतिनिधियों से लगातार समझौता-वार्ता चलती रही। एक स्वीकृत सांविधानिक ढाँचे की उन्होंने बहुत कोशिश की, पर मतभेदों की खाई को पाटना सम्भव नहीं हो पा रहा था। अन्ततः मिशन ने अपनी ही योजना घोषित कर दी। पर घोषणा से पूर्व मिशन के दो सदस्यों, सर स्टेफर्ड क्रिप्स और लार्ड पेथिक-लारेंस ने एक अज्ञात स्थान पर सरदार पटेल से भेंट कर उन्हें अपना प्रारूप दिखा दिया था। प्रारूप में सम्भावित परिणामों पर गम्भीरतापूर्वक विचार करने के बाद ही पटेल ने अपनी सहमति दी। हालाँकि कुछ मुद्दे उन्हें स्वीकार्य नहीं थे, पर उन्हें लगा कि देश की एकता को बचाने के लिए कैबिनेट मिशन की योजना ही एकमात्र विकल्प था। जिन्ना के लिए इसके कड़े प्रावधानों से बच निकलना सम्भव नहीं था। संघ सुरक्षित थे। पटेल ने अपने एक निकटतम सहयोगी के.एम. मुंशी को 17 मई, 1946 को लिखा था, "भगवान का शुक्र है

देश के लिए खतरा पैदा करने वाली एक महान विपत्ति से बचने में हम सफल हो गए।'' उन्हें इस बात का सन्तोष था कि पहली बार स्पष्ट शब्दों में किसी भी रूप में पाकिस्तान की सम्भावना को नकारने वाली आधिकारिक घोषणा हुई है। वे आश्वस्त थे कि ''अब हमारे जीवन का उद्देश्य पूरा होने जा रहा है।'' 20 मई, 1946 को उन्होंने मुंशी को एक पत्र में अन्तरिम सरकार की स्थापना की सूचना देते हुए आशा व्यक्त की कि ''भले ही कानूनी रूप से यह सरकार स्वतंत्र नहीं होगी, पर एक स्वतंत्र सरकार के रूप में ही काम करेगी। इससे भारत की स्वतंत्रता का मार्ग स्पष्ट हो जाएगा। वीटो की ताकत वाली मुस्लिम लीग की बाधा हमेशा के लिए हटा दी गई है।''[3]

शुरू में बहुत-से कांग्रेसी कैबिनेट मिशन की योजना को स्वीकारने के लिए तैयार नहीं थे। तीन स्तरीय विधायी प्रक्रिया, प्रान्तों को हिन्दू बहुमत वाला समूह और दो मुसलमान बहुमत वाले समूहों में बाँटने वाले तीन उपसंघों की योजना उनके गले नहीं उतर रही थी, पर बाद में वेवल और कैबिनेट मिशन के अन्य सदस्यों के साथ विचार-विमर्श करने के बाद पटेल कांग्रेस कार्यसमिति के सदस्यों की कई आशंकाओं को दूर करके उन्हें योजना को स्वीकार करने के लिए तैयार करने में सफल हो गए। आज़ाद ने वायसराय को अपनी स्वीकृति तत्काल भेज दी। मुख्य विरोध असम के हिन्दुओं की ओर से था, जिन्हें बंगाल के मुसलमान-बहुल प्रकार प्रान्त के साथ रखा गया था। पर इस प्रकार के समूहीकरण के बिना लीग द्वारा योजना को स्वीकार करने की कोई सम्भावना नहीं थी। इस बारे में सरदार का मस्तिष्क बहुत स्पष्ट था, उन्होंने योजना के विरोधियों को विवेकशील बनने की सलाह दी। इनमें से एक को 12 जून, 1946 के अपने पत्र में उन्होंने लिखा था, ''मैं नहीं समझता इस स्तर पर इन मामलों (अनिवार्य समूहीकरण और योजना का 19वाँ परिच्छेद) को इस समय उठाना बुद्धिमत्ता होगी। यदि अन्यथा प्रस्ताव सन्तोषजनक हैं और अन्तरिम सरकार हमें सन्तुष्ट करने वाली बनती है, तो प्रस्तावों को स्वीकारना ही बुद्धिमत्ता होगी।''[4] राजाजी इस योजना को स्वीकार करने वालों में से थे। उन्होंने स्वीकार किया कि सरदार के 'कड़े और बुद्धिमत्तापूर्ण रुख' के कारण ही कांग्रेस कार्यसमिति ने इस योजना को स्वीकार किया था। जैसे ही जिन्ना को कांग्रेस के निर्णय का पता चला,

उन्होंने वेवल के पास लीग की सहमति भी भिजवा दी। वायसराय ने भी इसका पूरा श्रेय पटेल को दिया।

स्वाभाविक था कि देश की एकता की रक्षा की उम्मीदें राजनीतिक क्षेत्रों में बढ़ जातीं, पर तभी कुछ ऐसा हुआ जिससे मौलाना आज़ाद के अनुसार, ''इतिहास का रुख ही पलट गया।'' तब तक आज़ाद की जगह नेहरू कांग्रेस के अध्यक्ष बन चुके थे। अध्यक्ष बनने के बाद 10 जुलाई, 1946 को बम्बई में हुई अपनी पहली प्रेस कॉन्फ्रेंस में ही उन्होंने घोषणा कर दी कि संविधान सभा में कांग्रेस 'पूर्ण स्वतंत्र' होकर ही प्रवेश करेगी और कैबिनेट मिशन योजना में परिवर्तन की भी उसे आज़ादी होगी। उन्होंने कहा कि इस बात की पूरी सम्भावना है कि मुसलमान-बहुल दो समूह 'समूहीकरण के विरुद्ध निर्णय' करें। अपनी बात को और भी स्पष्ट करते हुए उन्होंने यह भी कह दिया कि ''स्पष्ट शब्दों में कहें तो यह सम्भव है कि उत्तर-पश्चिम में पश्चिमोत्तर सीमाप्रान्त और उत्तर-पूर्व में असम समूहीकरण के विरुद्ध निर्णय करें।'' इसका मतलब यह था कि मुसलमान-बहुल उप-संघों का गठन नहीं हो सकता था, क्योंकि हिन्दू-बहुल असम और मुसलमान-बहुल पश्चिमोत्तर सीमाप्रान्त उसमें शामिल नहीं होंगे। इसका सीधा-सा मतलब था उस योजना का ध्वस्त हो जाना, जिसे कैबिनेट मिशन ने इतनी मेहनत से तैयार किया था और जिसे कांग्रेस और लीग दोनों ने एक मत से स्वीकार कर लिया था।

जिन्ना की प्रतिक्रिया तत्काल और तीव्र थी। यह कहकर कि कांग्रेस अध्यक्ष ने योजना का आधार ही समाप्त कर दिया है, जिन्ना ने योजना की लीग की स्वीकृति वापस ले ली। सरदार की निराशा स्वाभाविक थी। अपने मित्र डी.पी. मिश्र को उन्होंने 29 जुलाई, 1946 को एक पत्र में लिखा, ''हालाँकि वे (नेहरू) चौथी बार अध्यक्ष चुने गए हैं, पर अक्सर वे बच्चों जैसे काम करते हैं, जिससे हम सब अचानक मुसीबत में फँस जाते हैं। आपको गुस्सा आना स्वाभाविक है, पर हम गुस्से को अपने विवेक पर हावी नहीं होने दे सकते...हाल के दिनों में उन्होंने कई ऐसे काम किए हैं, जिन्होंने हमें परेशानी में डाला है...अखिल भारतीय कांग्रेस कमेटी की बैठक के तत्काल बाद उनकी प्रेस कॉन्फ्रेंस भावात्मक उन्माद का एक उदाहरण है। ऐसे में चीजें ठीक करने में हम पर बहुत दबाव पड़ जाता

है। काम की अधिकता और मानसिक तनावों ने उन्हें थका दिया है। वे अपने आपको अकेला महसूस करते हैं और भावनाओं के आधार पर काम करते हैं और इस सबका फल उनके साथ-साथ हमें भी भुगतना पड़ता है। वे व्यावहारिक नहीं हैं, इसलिए विरोध कभी-कभी उन्हें पगला देता है।''[5] गांधी जी सरदार से सहमत थे। उन दिनों वे महाराष्ट्र में पंचगनी में विश्राम कर रहे थे। जयप्रकाश नारायण जब वहाँ उनसे मिलने गए तो गांधी जी ने कहा था, ''नेहरू के जल्दबाजी में दिए गए बयान ने अविभाजित भारत के आधार पर समझौते की सारी आशाओं को समाप्त कर दिया है।''

संविधानवादी जिन्ना ने घोर निराशा में 'सांविधानिक तरीकों' को अलविदा कह दिया। इसकी घोषणा करते हुए उन्होंने कहा, ''अंग्रेज़ और कांग्रेस दोनों अपने हाथों में पिस्तौल लिये रहे—एक के हाथ में सत्ता और हथियारों की पिस्तौल है और दूसरे के पास जन-संघर्ष और असहयोग की। आज हमारे पास भी एक पिस्तौल है और हम इसका उपयोग करने की स्थिति में हैं।''[6] लीग ने 16 अगस्त, 1946 को सीधी कार्रवाई का दिन घोषित किया और कलकत्ता में हुए साम्प्रदायिक दंगों में पाँच हजार से अधिक बेगुनाह हिन्दू और मुसलमान मारे गए। अविभाजित भारत का सपना चूर-चूर हो गया। इस आह्वान में जिन्ना के हाथ कुछ लगा नहीं था, मैदान में क्रान्तिकारी नेता की तुलना में वे काउंसिल चैम्बर के योद्धा अधिक थे। और इसका परिणाम भी वह नहीं निकला जो वे चाहते थे। उस हत्याकांड में भी हिन्दुओं का हाथ ऊँचा रहा था। सरदार पटेल ने राजाजी को लिखे एक पत्र में कहा था, ''यह लीग के लिए अच्छा सबक होना चाहिए, क्योंकि मैंने सुना है मुसलमानों के मरने का अनुपात कहीं ज्यादा है।'' मुसलमानों ने नोआखली में जवाबी कार्रवाई की, जहाँ गांधी जी को मदद के लिए जाना पड़ा। बिहार में हिन्दुओं ने नोआखली में अपने धर्म-बन्धुओं की जान-माल के नुकसान का बदला लिया। इन हत्याकांडों ने गांधी जी को इतना निराश कर दिया कि उन्होंने कहा कि अब वे और नहीं जीना चाहते, जबकि पहले वे 125 वर्ष तक जीने की बात किया करते थे।

लीग की अड़ंगे डालने वाली नीतियों से क्षुब्ध और निराश पटेल अब भी संयुक्त भारत की सम्भावनाओं को बचाने में लगे थे। वेवल के स्थान पर आए

नए वायसराय माउंटबेटन को उन्होंने कहा कि विभाजन के बारे में वे तभी सोचेंगे जब लीग कैबिनेट मिशन योजना को अस्वीकार कर देगी। वे आखिरी क्षण तक यह आशा जगाए रहे कि अपने सपनों के पाकिस्तान को न पाने के बाद जिन्ना को समझ आ जाएगी—वायसराय ने जिन्ना को स्पष्ट कह दिया था कि उन्हें आधी रोटी से ज्यादा कुछ नहीं मिल सकता। सरदार सोच रहे थे कि इससे लीग के नेता को अपनी जिद के खोखलेपन का अहसास हो जाना चाहिए। पर एक के बाद दूसरी घटी घटनाएँ जैसे सब पर हावी होती गईं। जिन्ना सौदेबाजी की अपनी इच्छा को दबा नहीं पा रहे थे, पर सरदार पटेल ने उनकी उपेक्षा करने का निर्णय लिया। या तो जिन्ना योजना स्वीकार करें, असेम्बली में शामिल हों और अन्तरिम सरकार को ढंग से काम करने दें, अन्यथा कोई समझौता नहीं होगा। कांग्रेस का यह रुख 'लो या न लो' का था, जिन्ना को ऐसे व्यवहार की आदत नहीं थी। इसलिए उनके सहयोगियों ने आखिरी क्षण में कुछ समझौता करने की कोशिश की। इज़्ज़त बचाने के लिए उन्होंने भारत और पाकिस्तान से स्वतंत्र संयुक्त बंगाल की योजना सामने रखी। नेताजी के बड़े भाई शरत्चन्द्र बोस ने इस योजना का समर्थन किया, पर नेहरू और पटेल दोनों ने इसे नकार दिया। इस बीच दूरी बढ़ती गई। कैबिनेट मिशन भी जिन्ना को राह पर नहीं ला पाया। वे जूँ की तरह हाथ से फिसल रहे थे। इतनी बार उन्होंने अपना रुख बदला कि कैबिनेट मिशन के लिए उसके साथ चलना कठिन हो गया।

अपना हाथ ऊपर रखने के लिए उन्होंने अपने दो-राष्ट्रों के सिद्धान्त को भी छोड़ दिया और माउंटबेटन से आग्रह किया कि "बंगाल और पंजाब की एकता को खत्म न करें।" उन्होंने यह भी कहा कि "बंगाली और पंजाबी के रूप में इन दोनों प्रदेशों का सामान्य इतिहास और सामान्य भावनाओं का एक राष्ट्रीय व्यक्तित्व है—कांग्रेस के सदस्य होने से कहीं भिन्न।"[8] इससे पहले वे सर स्टेफर्ड क्रिप्स के सहायक वुड्रो वायट को यह भी कह चुके थे कि वे "उससे कहीं अधिक बातें मान लेंगे, जितनी कि एक नज़र में दिख रही हैं।" क्रिप्स ने यह बात पटेल को बताई तो उन्होंने इसे जिन्ना का एक और झूठ कहकर नकार दिया। जिन्ना का कोई विश्वास नहीं कर रहा था। फिर, अब तक वे इतना आगे बढ़ चुके थे कि पाकिस्तान के अपने लक्ष्य को छोड़ भी नहीं सकते थे। जिन्ना

के एकमात्र मित्र एलेक्जेंडर ने जिन्ना के उन दिनों के व्यवहार का वर्णन इस तरह किया है : "सीधे जवाबों को यथासम्भव टालने के लिए इस तरह तोड़-मरोड़ करने वाला ऐसा समझदार व्यक्ति मैंने कभी नहीं देखा। मैं इस निष्कर्ष पर पहुँचा हूँ कि वे (जिन्ना) लाखों की ज़िन्दगी और मौत का सवाल बने इस खेल को खेल रहे हैं। उनका तरीका यह है कि पहले लम्बी-चौड़ी माँगें पेश की जाएँ और फिर इस बात पर अड़े रहकर कि वे अपनी ओर से माँगों में कोई कटौती नहीं करेंगे, बल्कि दूसरे पक्ष द्वारा स्वीकार्य माँगों की सूची का इन्तज़ार करेंगे, कानूनी बातचीत में जीत हासिल की जाए।"[9]

जिन्ना के बारे में माउंटबेटन का आकलन इससे भिन्न नहीं था : "वे (जिन्ना) किसी भी विचार पर अपनी प्रतिक्रिया नहीं देते। 'फ्रीडम एट मिडनाइट' के प्रसिद्ध लेखकों, लारी कोलिन्स और डोमनिक को माउंटबेटन ने बताया था कि जिन्ना को प्रभावित करने के लिए उन्होंने हर सम्भव कोशिश की, हर चाल चली, पर "जिन्ना यह बात जान गए थे कि लगातार इनकार कर-करके वे कितनी बड़ी सफलता प्राप्त कर चुके हैं।"[10] इसका परिणाम यह हुआ कि बातचीत का कभी कोई नतीजा नहीं निकल पाया। कांग्रेस और लीग का शीर्ष नेतृत्व एक-दूसरे से बहुत दूर जा चुका था। पर इस बात का कोई प्रमाण नहीं मिलता कि माउंटबेटन भारत को एक रखना चाहते थे या लीग और कांग्रेस के बीच किसी समझौते में उनकी रुचि थी। उन्हें हिन्दू-समर्थक या मुसलमान-विरोधी कहना भी गलत होगा। मामला उलटा ही था। 'फ्रीडम एट मिडनाइट' के लेखकों से माउंटबेटन ने कहा था, "मुझे हिन्दुओं की अपेक्षा मुस्लिम लीग के लोग अच्छे लगते हैं—उनमें से अधिकांश भारतीय सेना के अधिकारी वर्ग के हैं।" अंग्रेज़ों से उनकी मैत्री इसलिए है कि "वे पोलो खेलते हैं, शिकार पर जाते हैं, आसानी से घुलते-मिलते हैं और उनमें मानसिक अवरोध नहीं है।"[11] उन्होंने कहा था कि हिन्दुओं की अंग्रेज़ों से पटती नहीं। वे अच्छे दुकानदार हैं, अच्छे व्यापारी और अच्छे क्लर्क हैं, अच्छे सरकारी नौकर भी हैं, जिन्हें अंग्रेज़ों की नौकरी करना अच्छा लगता है, पर वे अच्छे दोस्त नहीं हो सकते। दो बार पाकिस्तान के प्रधानमंत्री बनने वाले वरिष्ठ आई.सी.एस. अधिकारी चौधरी मुहम्मद अली ने भी कहा था कि "जिन्ना जैसे मितभाषी और अपनी शान में रहने

वाले व्यक्ति ने भी माउंटबेटन के बारे में आत्मीयता से ही बात की है।''[12] इसलिए, पक्षपातपूर्ण रुख हिन्दुओं के बजाय मुसलमानों के प्रति ही था। नौसेना में तेज़ी से ऊपर जाने के लिए माउंटबेटन चर्चिल के आभारी भी थे और वे चर्चिल से प्रेरणा भी लेते थे। और चर्चिल का रुख यह था कि यदि भारत ब्रिटेन के पास नहीं रहता तो उसके टुकड़े कर दिए जाने चाहिए। अतः राजनीतिक क्षितिज पर विभाजन स्पष्ट दिख रहा था। माउंटबेटन ने इसे अपरिहार्य समाधान बना दिया था। पर कांग्रेस विभाजन को स्वीकार कर ले, इसलिए ज़रूरी था कि माउंटबेटन बंगाल और पंजाब के विभाजन के लिए भी सहमत होते। उन्होंने यह बात जिन्ना को समझाई—लीग के नेता को लगा कि जिन अंग्रेज़ों पर उन्होंने भरोसा किया था, वे ही उन्हें धोखा दे रहे हैं। 21 मई, 1947 को जिन्ना ने 'रायटर' के संवाददाता से कहा कि ''वे इसके ख़िलाफ़ लड़ते रहेंगे।'' पर एक पखवाड़े के भीतर ही उन्हें अपने शब्द वापस लेने पड़े और अन्ततः उन्हें जो कुछ मिल पाया उसे उन्होंने स्वयं ''कटा-छँटा, दीमक लगा पाकिस्तान'' कहा था। आधा पंजाब और कलकत्ता-रहित आधा बंगाल ही उनके हाथ लगा था। और मुसलमान आबादी का 40 प्रतिशत हिस्सा, जिससे जिन्ना को ताकत मिलती थी, उनके हिस्से में नहीं आया था। उन्हें हिन्दुओं की दया पर छोड़ दिया गया था। जिन्ना ने बन्धकों के घातक सिद्धान्त की बात की, पर उनका यह झूठ किसी के गले नहीं उतरा।''[13] जिन्ना ने पाकिस्तान के दो हिस्सों को जोड़ने के लिए भारत से होकर गलियारे की माँग की, पर इस उपहासास्पद माँग का मज़ाक ही हुआ। आम्बेडकर ने बड़े तार्किक ढंग से यह स्पष्ट कर दिया था कि मुसलमानों के लिए पाकिस्तान किस तरह अनर्थकारी साबित होगा, पर जिन्ना विवेक की बात नहीं सुन पा रहे थे।[14]

नेहरू और गांधी की तरह ही पटेल के लिए भी विभाजन एक बड़ा धक्का था। इसने उनके सारे सपनों को चूर-चूर कर दिया था। अविभाजित भारत आखिरी साँसें गिन रहा था। सब जैसे निराश होकर अन्तिम परिणाम की प्रतीक्षा कर रहे थे। अपनी पुस्तक 'इंडिया विन्स फ्रीडम' में मौलाना आज़ाद ने लिखा है कि पटेल ने 'हताशा और आहत अहम्' के कारण विभाजन को स्वीकार किया था। शुरू में उन्होंने सार्वजनिक रूप से घोषित किया था कि छोटा या बड़ा कोई

भी सार्वभौम पाकिस्तान उन्हें मान्य नहीं है। उन्होंने तो यहाँ तक संकेत दिया था कि यदि गृहयुद्ध होता है तो कांग्रेस को उसके लिए तैयार रहना चाहिए। जनवरी 1946 में भारत आए ब्रिटिश संसदीय दल को पटेल ने स्पष्ट कहा था, ''यह ब्रिटिश सरकार के हाथ में नहीं है कि वह पाकिस्तान दे दे। हिन्दुओं और मुसलमानों को इसके लिए लड़ना होगा। गृह युद्ध हो जाएगा।''[15] पर फिर पटेल कुछ नरम पड़ने लगे। माउंटबेटन ने लौह पुरुष को भी झुका लिया और उन्हें समझाने में सफल हो गए कि 3 जून, 1947 की उनकी विभाजन वाली योजना ही सर्वश्रेष्ठ हल है। सरदार कांग्रेस कार्यसमिति में विभाजन के प्रखरतम विरोधी थे। जब वे भी मान गए तो बाकियों ने भी इसे स्वीकार कर लिया। वी. शंकर ने इस बात की पुष्टि की है : ''इसमें कोई सन्देह नहीं कि सरदार के यथार्थवाद ने ही विभाजन के निर्णय को स्वीकार करने में निर्णायक भूमिका निभाई थी। पंडित नेहरू और गांधी जी दोनों को अन्ततः सरदार पटेल से सहमत होना पड़ा।''[16]

पर पटेल को विभाजन के कट्टर शत्रु से, आज़ाद के शब्दों में, 'विभाजन का शिल्पी' किस बात ने बना दिया? तात्कालिक कारण राजनीतिक के बजाय वैयक्तिक अधिक था। इसमें सन्देह नहीं कि पटेल को विचार-विमर्श, बैठकों, सम्मेलनों, फार्मूलों और समझौतों से विरक्ति-सी हो गई थी। क्योंकि इनका फल अधिक सन्देह और अधिक शत्रुता ही निकलता था। अन्तरिम सरकार में लीग के व्यवहार से पटेल बुरी तरह निराश हो चुके थे। उसके भड़काऊ काम और जानबूझकर किए गए अपमानों से वे क्रुद्ध भी थे। कई बार उन्होंने लीग से सम्बन्ध सुधारने की कोशिश की और एक बार तो उन्होंने वेवल से भी हस्तक्षेप करने के लिए कहा था। उन्होंने वायसराय को चेतावनी दी थी कि जिन्ना अपने मंत्रियों को सरकारी मशीनरी का उपयोग करके भारत को तोड़ने के लिए भड़का रहे हैं। वेवल ने उन्हें आश्वासन दिया था कि अन्तरिम सरकार को ''साम्प्रदायिक राजनीति की रणभूमि बनाने के जिन्ना के किसी भी प्रयास को सफल नहीं होने दिया जाएगा।'' पर यह आश्वासन खोखला सिद्ध हुआ। झगड़े बढ़ते गए। पटेल को लीग के साथ किसी औचित्यपूर्ण समझौते के लिए कोई प्रकाश की किरण नहीं दिखाई दे रही थी। ऊपर से कलकत्ता की हत्याओं ने उन्हें आतंकित कर दिया था। पर कलकत्ता में पाँच हजार से अधिक लोग नहीं मरे थे। यदि गृहयुद्ध

होता तो उन्हें कितने लोगों के मरने की आशंका थी ? दस लाख तो नहीं ही मरते। और न एक करोड़ लोग अपनी जड़ों से कटते। विभाजन के लिए भारत ने यही कीमत चुकाई थी। लिंकन के सामने तो कहीं अधिक भयावह स्थितियाँ थीं। उत्तरी और दक्षिणी अमेरिका के रिश्ते हिन्दुओं और मुसलमानों के रिश्तों से कहीं अधिक खराब थे। चार साल लिंकन गृहयुद्ध से जूझते रहे; जाने कितने अमेरिकी मारे गए, पर संघ बच गया—अमेरिका की एकता बच गई। आज अमेरिका दुनिया की सबसे बड़ी ताकत है। सभी नेताओं में पटेल ही ऐसे थे जो जिन्ना का मुकाबला कर सकते थे; पर दुर्भाग्यवश लौह पुरुष ने भी घुटने टेक दिए। अपने स्कूली दिनों में भारत का जो सुन्दर नक्शा हम देखा करते थे, वह बदरंग हो गया। यदि पटेल एक साल और अड़े रहते तो पाकिस्तान के निर्माण का अकेला उत्तरदायी, उनका बीमार प्रतिद्वंद्वी, तब तक मर चुका होता। पटेल आज़ाद से कहीं अधिक ख़ान अब्दुल ग़फ़्फ़ार ख़ान का आदर करते थे। उनकी भी राय यही थी कि लीग से निराश होकर ही पटेल ने हार मान ली थी। सरहदी गांधी का मानना था कि यदि पटेल ने थोड़ा-सा और दबाव डाला होता तो पाकिस्तान बनता ही नहीं। ख़ान के अनुसार नेहरू की तुलना में पटेल इस्पात के बने हुए थे।

पर पटेल को जिन्ना की घातक बीमारी का पता कैसे चलता ? निस्सन्देह यह सवाल महत्त्वपूर्ण है। माउंटबेटन ने कोलिन्स तथा लिपेरे को बताया था कि "वेवल तथा अन्यों को जिन्ना की गम्भीर बीमारी का पता था।" उनके अनुसार उन्हें यह जानकारी नहीं दी गई थी। यह बात विश्वसनीय नहीं लगती; अंग्रेज़ उस व्यक्ति को सब कुछ बताया करते हैं, जिसके हाथों में काम की बागडोर सौंपी जाती है। यह मामला इतना गम्भीर था कि नए वायसराय को बताया ही जाता। मैं समझता हूँ, माउंटबेटन झूठ बोल रहे थे। यह बात समझ में आ ही नहीं सकती कि वेवल इतनी महत्त्वपूर्ण जानकारी अपने उत्तराधिकारी से छिपाकर रखते। माउंटबेटन ने जानबूझकर यह रहस्य पटेल और नेहरू से छिपाए रखा, ताकि वे भारत के टुकड़े कर सकते। चर्चिल ने उन्हें यही निर्देश दिए होंगे। उन्होंने माउंटबेटन से कहा था कि "मुसलमानों, परिगणित जातियों और राजाओं को उच्चवर्ग के हिन्दुओं के पंजों से बचाकर रखा जाए, उन्हें कांग्रेस के बन्धन से मुक्त रखा जाना चाहिए।"[17] जिन्ना से चर्चिल के विशेष रिश्ते थे, वे छद्मनामों से पत्र-व्यवहार

करते थे, ताकि गोपनीयता बनी रहे। जिन्ना के नाम चर्चिल का निम्न पत्र इस बात का प्रमाण है :

प्रिय श्री जिन्ना,

"12 दिसम्बर के भोजन का आपका निमंत्रण मैं साभार स्वीकार कर लेता। पर, मुझे लगता है हम दोनों के लिए यह बेहतर होगा कि इस वक़्त हम सार्वजनिक रूप से न मिलें।

उस दिन हुई हम दोनों की बातचीत को मैं बहुत महत्त्वपूर्ण मानता हूँ। एक पता संलग्न है। यदि आप मुझे कोई तार भेजना चाहें तो इस पते पर भेज सकते हैं—भारत में किसी का ध्यान इस ओर नहीं जाएगा। मैं हमेशा अपना नाम गिलियट्ट लिखूँगा। शायद आप मुझे बताना चाहें कि मैं आपको किस पते पर तार भेज सकता हूँ और आप अपना नाम क्या रखना चाहेंगे। मुझ पर विश्वास करें।"

आपका विश्वासपात्र

(हस्ताक्षर)

विंस्टन चर्चिल[18]

सरदार को हमेशा इस बात का सन्देह था कि अंग्रेज़ों और लीग के बीच कोई गुप्त समझौता है। उन्होंने वेवल पर इस आशय का आरोप भी लगाया था, पर आश्चर्य है, उन्हें माउंटबेटन पर इतना सन्देह नहीं था, जो कि किसी भी अन्य ब्रिटिश वायसराय से कहीं अधिक कपटी थे।

प्रारम्भ में सरदार माउंटबेटन के प्रति काफी कठोर थे। माउंटबेटन ने भी अपने सहयोगियों के सामने सरदार के बारे में 'उद्धत' और 'दबंग' जैसे विशेषण काम में लिये थे। धीरे-धीरे सरदार को अपने पक्ष में करने के लिए माउंटबेटन ने अपना जादू काम में लाना प्रारम्भ किया और सरदार वेवल के उत्तराधिकारी का मंतव्य समझ नहीं पाए। बूढ़ा सिपाही कहीं अधिक विश्वसनीय था। अब यदि हम देखते हैं तो पाते हैं कि न केवल पटेल ने, बल्कि गांधी और नेहरू ने भी माउंटबेटन पर विश्वास करके भारी भूल की थी। माउंटबेटन निष्कपट व्यक्ति नहीं थे और कुछ भी करने में उन्हें कोई संकोच नहीं होता था। वे यह निश्चित करके ही भारत आए

थे कि इस देश के टुकड़े करने हैं, और वे यह काम जल्दी से जल्दी करना चाहते थे। जिस तेज़ी से वे काम कर रहे थे, उससे न केवल प्रभावित प्रान्तों के गवर्नर अचम्भित थे, बल्कि ब्रिटिश कमांडर इन चीफ अचिनलेक भी हैरान थे। उन्होंने तो माउंटबेटन को इस जल्दबाजी के खतरों से आगाह भी किया था। लियोनार्ड मोस्ले ने अपनी पुस्तक 'दि लास्ट डेज़ ऑफ ब्रिटिश राज' में जिस पैनेपन और मार्मिक ढंग से माउंटबेटन की हड़बड़ी के परिणामों का वर्णन किया है, वैसा कहीं और नहीं मिलता। मोस्ले ने सही पूछा है कि जब एटली ने अंग्रेज़ों की रवानगी की तारीख 30 जून, 1946 तय की तो माउंटबेटन ने इसे बदलकर 15 अगस्त, 1947 क्यों कर दिया। बिना कुछ सोचे ही माउंटबेटन ने यह निर्णय कर लिया। उन्होंने अखबार वालों से बातचीत करते हुए अपने इस निर्णय को 'यूँ ही' लिया गया निर्णय बताया भी था। यह तो सम्भव है कि वे इस निर्णय के परिणामस्वरूप हुए खून-खराबे की कल्पना न कर पाए हों, पर क्या वे यह भी नहीं समझ पाए कि इससे अराजकता और सम्भ्रम ही पैदा होगा।[19] कार्यभार सँभालने के तीन महीने से भी कम समय में—जून 1947 में—उन्होंने विभाजन की घोषणा कर दी थी। उन्होंने तब तक कोई योजना नहीं बनाई थी, सशस्त्र सेनाओं के बँटवारे की योजना भी नहीं, जो कि विभाजन की प्रक्रिया को क्रियान्वित करती। घोषित तिथि में सिर्फ छह सप्ताह बाकी थे, पर किसी को यह नहीं बताया गया था कि उसे क्या करना है। यहाँ तक कि जुलाई के प्रथम सप्ताह तक दोनों देशों के बीच सीमा-रेखा खींचने वाले आयोग का गठन भी नहीं हुआ था। आयोग ने अपनी रिपोर्ट बड़ी जल्दबाजी में तैयार करके वायसराय को सौंपी थी, जिसे विभाजन के बाद तक वायसराय ने गुप्त ही रखा। मोस्ले यह बात ही नहीं समझ पाए कि माउंटबेटन जैसे कुशल कमांडर ने हर मोर्चे पर इस तरह की जल्दबाजी क्यों की। "एक सफल व्यक्ति के नाते उन्हें ऐसी किसी भी बात के विरुद्ध होना चाहिए था जो स्वतंत्रता दिवस के स्पष्ट आकाश को धुँधला बना देती।"[20]

"बाद की घटनाओं से स्पष्ट हो गया कि सीमा-रेखा आयोग की रिपोर्ट को इतने दिनों तक माउंटबेटन द्वारा दबाए रखना साफ तौर पर गलत था और भारतीय व पाकिस्तानी नेताओं को इस सन्दर्भ में विश्वास में न लेना तो और भी गलत था। इस रिपोर्ट की पूर्व जानकारी से लाखों हिन्दुओं, सिखों और मुसलमानों को

अपना सामान लेकर जाने का मौका मिल जाता। नेहरू, जिन्ना और पंजाब सीमा रेखा बल के कमांडर जनरल रीव्ज़ को अगर यह गोपनीय जानकारी दी जाती तो वह इन्तज़ाम करने का रास्ता खुल जाता जिससे ये लोग कुछ व्यवस्थित ढंग से विस्थापन कर पाते। लेकिन माउंटबेटन ने किसी को विश्वास में नहीं लिया। वे स्वतंत्रता दिवस तक इस रिपोर्ट को अपने पास ही दबाए रहे। स्वतंत्रता दिवस खुशी-खुशी मना। लेकिन इसी के परिणामस्वरूप लाखों लोग या तो मारे गए या अपना सब कुछ खो बैठे। इससे माउंटबेटन के अन्त:करण को बेचैन हो जाना चाहिए था। यह जाहिर था कि उन पर कोई असर नहीं पड़ा। या यूँ कहें कि उन्हें इसका अहसास तक नहीं हुआ।[21] माउंटबेटन के निकटस्थ सहायकों में से एक एलन कैम्पबेल-जानसन तक अपने बॉस की इस निष्ठुरता से चकित थे। एलन लिखते हैं, ''आधी रात तक माउंटबेटन अपनी डेस्क पर शान्त बैठे थे। मैंने उन्हें तरह-तरह के मूडों में देखा है; लेकिन उस रात तो वे प्रशान्ति में खोये, करीब-करीब निर्लिप्त से थे। उस वक़्त वे एक ऐसे रहस्य को छिपाए हुए थे जिसके कारण अगले कुछ हफ्तों में करीब दस लाख लोगों की मौत होने वाली थी और इतिहास का महानतम और कष्टदायक विस्थापन होने वाला था—इस लिहाज से उनका वह मूड अनोखा था।''[22]

इसी तरह 'न्यूजवीक' के यूरोपियन सम्पादक एडवर्ड बेहर ने कहा था, ''जैसे ही विभाजन का सिद्धान्त सामने रखा गया, यह स्पष्ट था कि 'साम्प्रदायिक और धार्मिक तनाव हिंसा बनकर भड़केंगे और हत्याओं को रोकने के लिए सेना और पुलिस की हर इकाई की आवश्यकता पड़ेगी...पर समूचे उपमहाद्वीप के सेना कमांडरों के कहने के बावजूद लार्ड माउंटबेटन ने स्वतंत्रता दिवस को आगे सरकाने से इनकार कर दिया। कमांडर इसलिए टालना चाहते थे ताकि सेना और पुलिस बल को भारतीय और पाकिस्तानी सेना व पुलिस के रूप में पृथक्-पृथक् पुनर्गठित किया जा सके। पर लार्ड माउंटबेटन 15 अगस्त, 1947 पर ही अड़े रहे और भारत व पाकिस्तान की नई सीमा पर 5000 सैनिक तैनात करने के अलावा—जो कि पूर्णत: अपर्याप्त सिद्ध हुए उन्होंने दोनों ओर के अपने अधीनस्थ कमांडरों की सलाह मानने से इनकार कर दिया। यह कभी कोई नहीं जान सकेगा कि भारतीय उपमहाद्वीप के इस कुनियोजित एवं भौंड़े ढंग से किए गए विभाजन के

फलस्वरूप कितने लोग मारे गए। पर निस्सन्देह इसका सबसे अप्रिय पहलू विभाजन के बाद माउंटबेटन का यह दावा है कि मैं सही था, विभाजन के कारण जो खून-खराबा हुआ वह अवश्यम्भावी था और इसके अलावा कोई रास्ता भी नहीं था। सेना और पुलिस के बहुत से भारतीय अधिकारी, जिनमें उच्चतम पद पर बैठे व्यक्ति से लेकर साधारण सिपाही तक शामिल हैं, इससे उलटे तथ्यों से परिचित हैं। इतने सालों बाद भी माउंटबेटन उनके लिए बर्मा-अभियान का महिमामंडित नेता नहीं, बल्कि अपनी हेकड़ी से मलिन हुआ एक ऐसा व्यक्ति है, जिसके हाथ खून से रँगे हैं।''[23]

नेहरू और पटेल दोनों को खून-खराबे की आशंका और दोनों को माउंटबेटन ने आश्वासन दिया था, ''मैं खून-खराबा या दंगे नहीं होने दूँगा। मैं सैनिक हूँ, सामान्य नागरिक नहीं...जरा-सा भी उपद्रव हुआ तो मैं उसे जड़ से समाप्त करने के लिए कड़ी से कड़ी कार्रवाई करूँगा। मैं सेना और वायुसेना को काम पर लगाऊँगा। जो भी गड़बड़ी करने की कोशिश करेगा, उसे कुचलने के लिए मैं टैंकों और हवाई जहाजों को काम में लूँगा।''[24] पर माउंटबेटन ने ऐसा कुछ भी नहीं किया, सीमा के दोनों ओर लोगों को जिन्दा जलाया गया; लाखों लोगों को अपना घर-बार छोड़कर भोजन और छत की तलाश में भागना पड़ा। दोनों नए राष्ट्र नष्ट होने के कगार पर थे। इससे पहले जब एटली ने वायसराय द्वारा तैयार की गई योजना की हाउस ऑफ कामन्स में घोषणा की थी तो, 'दि टाइम्स' लंदन, की रिपोर्ट के अनुसार, खुशियाँ मनाने वालों में चर्चिल सबसे आगे थे। चर्चिल के कृपापात्र ने उनकी खूनी कामनाओं को पूरा कर दिखाया था। बाद में माउंटबेटन ने स्वीकार किया कि यदि कांग्रेस को जिन्ना की असाध्य बीमारी (तपेदिक) का पता होता और यह आभास होता कि इसके परिणामस्वरूप जान-माल की ऐसी हानि होगी तो भारत का विभाजन नहीं होता। इससे पहले कभी इस तरह विश्वास नहीं टूटे थे, इस तरह आशाएँ झूठी साबित नहीं हुई थीं। सरदार भी गांधी और नेहरू जितने ही दुखी थे। उन्होंने यह कहकर अपने आपको सांत्वना दी कि बीमार अंग को काट देना ही उचित था, वे यह भूल गए कि इस प्रक्रिया में शरीर ही बेढब हो गया है। यही नहीं, घाव भरना शुरू होने से पहले ही लूटमार, आगजनी, बलात्कार और हत्या की घटनाएँ सब पर इस तेज़ी से छा गईं कि पटेल

ने दुखी होकर स्वीकार किया कि इलाज बीमारी से कहीं अधिक खतरनाक साबित हो रहा है। पर बहुत देर से यह स्वीकारा उन्होंने। भारत के लिए ही नहीं, पाकिस्तान के लिए भी इलाज बहुत बुरा साबित हो रहा था। हिन्दू और मुसलमान दोनों एक जैसा भुगत रहे थे। पटेल इस तथ्य से नहीं उबर सके कि विभाजन गलत था। यह इस वास्तविकता को नष्ट नहीं कर पाया कि "हम एक थे और अविभाज्य थे।" 8 अगस्त, 1947 को उन्होंने प्रेस को दिए एक वक्तव्य में कहा था, "आप समुद्र या नदी के पानी को नहीं बाँट सकते। मुसलमानों की जड़ें, उनके धर्म-स्थान और उनके केन्द्र यहाँ हैं। मैं नहीं जानता वे पाकिस्तान में क्या कर सकते हैं। वे जल्दी ही हमारे पास लौटेंगे।"[25]

नेहरू को भी कम पश्चात्ताप नहीं था। उन्होंने कहा, "यदि मैं इन भयंकर परिणामों की कल्पना भी कर पाता तो विभाजन के लिए कभी सहमति नहीं देता।"[26] गांधी जी नेहरू और पटेल के कारण सहमत हुए थे।[27] यही नहीं, तब तक जिन्ना का ढोल पीटने वाले सुहरावर्दी और खलीकुज़्ज़मान को भी, जो पाकिस्तान के लिए चलाए गए आन्दोलन के हरावल दस्ते में थे, यह स्वीकार करना पड़ा कि विभाजन अनर्थकारी था। 'पाथवे टु पाकिस्तान' में खलीकुज़्ज़मान ने लिखा है, "सुहरावर्दी को दो राष्ट्रों के सिद्धान्त की उपयोगिता पर सन्देह था और मैं भी समझता हूँ कि इससे हमें कोई लाभ नहीं हुआ। विभाजन के बाद यह सिद्धान्त भारत के मुसलमानों के लिए निश्चित रूप से हानिकर सिद्ध हुआ और यदि हम व्यापक दृष्टि से देखें तो हर जगह के मुसलमानों के लिए हानिकर ही है।"[28]

चौथा अध्याय

सर्वनाश

सीमा के भारतीय हिस्से में हुए घृणा और गुस्से के विस्फोट को नियंत्रित करने का दायित्व सरदार पटेल के कन्धों पर था। उपप्रधानमंत्री और गृहमंत्री के नाते घटनाओं पर लगातार नजर रखना उनका दायित्व था। दूसरी ओर, लीग के प्रति गुस्से के बावजूद उन्हें यह आशा भी थी कि शायद सत्ता लीग को अधिक दायित्वपूर्ण व्यवहार करना सिखा दे। 22 जून, 1947 को रावलपिंडी के एक कांग्रेसी नेता के नाम एक पत्र में पटेल ने लिखा था, ''सम्भव है पाकिस्तान को हिन्दुओं और सिखों की उपस्थिति अपरिहार्य लगने लगे और अब जबकि मुसलमानों को वह देश मिल गया है, जिसके लिए वे हमेशा लड़ते रहे थे, शायद उन्हें यह लगने लगे कि अल्पसंख्यकों को सुरक्षा और न्याय देना उनके अपने हितों के अनुकूल है। यदि ऐसा होता है तो अल्पसंख्यकों को किसी बात से डरने की आवश्यकता नहीं रहेगी। तब शायद हम भी अल्पसंख्यकों के प्रति व्यवहार के बारे में पारस्परिकता के आधार पर उन्हें कुछ सुरक्षा प्रदान कर सकेंगे।''[1] यह सही है कि विशेषकर पश्चिमी पंजाब में अल्पसंख्यकों के आकस्मिक तथा अप्रत्याशित पलायन ने दोनों स्वतंत्र उपनिवेशों के अधिकारियों को आश्चर्य में डाल दिया था। वे इसके लिए कतई तैयार नहीं थे—यह उनकी भयंकर भूल थी। सब तरफ जैसे जंगल का कानून लागू हो गया था। निस्सन्देह पाकिस्तान बड़ा अपराधी था, पर भारत में भी स्थिति कोई बेहतर नहीं थी। अनेक संवेदनशील क्षेत्रों में पाशविक ताकत हावी हो गई थी। हमारे इतिहास में जैसे को तैसा का इतना रक्तरंजित खेल कभी नहीं खेला गया। स्वाभाविक था कि सरदार पटेल की

सहानुभूति उन हिन्दुओं और सिख शरणार्थियों के प्रति होती जो हजारों की संख्या में दिल्ली पहुँच रहे थे। लूटमार, बलात्कार और हत्याओं की उनकी कथाओं ने भारत में मुसलमानों के विरुद्ध वैसे ही अपराधों को भड़काया। सब तरफ बदले का शोर था। हिन्दुओं के तो मददगार थे, पर मुसलमानों का कोई नहीं। उनके वे नेता जिन्होंने उनके लिए धरती पर स्वर्ग उतार लाने के वादे किए थे, पाकिस्तान भाग गए थे—लाभकारी नौकरियों और पैसा कमाने की एक पागल खोज में।

भीषण स्थिति पर विचार करने के लिए भारत और पाकिस्तान के प्रधानमंत्रियों की 16 अगस्त, 1947 को दिल्ली में बैठक आयोजित की गई। अन्य लोगों के साथ सरदार पटेल ने भी इस बैठक में भाग लिया था। माउंटबेटन के शब्दों में, 'पक्के यथार्थवादी' माने जाने वाले पटेल ने इस बैठक में सुझाव दिया था कि दोनों देशों से हो रहे अनियोजित पलायन के बजाय प्रभावित क्षेत्रों में सुनियोजित ढंग से लोगों को स्थानांतरण किया जाए, पर बाकी लोग इस प्रस्ताव से सहमत नहीं थे। पटेल सरकारी कर्मचारियों, पुलिस अधिकारियों तथा सेना के लोगों की जल्दबाजी में की गई अदला-बदली से उत्पन्न प्रशासकीय रिक्तता से भी अप्रसन्न थे। दोनों सरकारों ने अराजकता और फलस्वरूप अराजक तत्त्वों के हावी होने के संकट को समझा। कुछ शान्ति स्थापित करने एवं कम से कम न्यूनतम समन्वय के लिए नेहरू 2 सितम्बर, 1947 को पाकिस्तानी प्रधानमंत्री लियाक़त अली ख़ान से मिलने लाहौर गए।

घटनाक्रम की नवीनतम जानकारी देने के लिए पटेल ने नेहरू को एक आवश्यक पत्र भिजवाया। पत्र में उन्होंने लिखा था, "आजकल सबेरे से रात तक का मेरा समय ,पश्चिमी पाकिस्तान से आए हुए हिन्दू व सिख शरणार्थियों की व्यथा-कथा और उन पर हुए अत्याचार के किस्सों को सुनने में ही बीतता है। क्वेटा, सिन्ध और पश्चिमी पंजाब से आए लोगों ने उन पर हुए अत्याचारों का विस्तृत विवरण दिया है। अखबारों में भी ये विवरण प्रमुखता से छप रहे हैं, फलस्वरूप जनता की भावनाएँ, विशेष रूप से दिल्ली और आसपास के क्षेत्रों में, काफी उग्र हैं। आप भीड़ के मनोविज्ञान से परिचित हैं; जनता यह मान रही है कि शरणार्थी और साम्प्रदायिक समस्या से निपटने में हमारी 'कमज़ोर और समझौतावादी नीति' ही वर्तमान कठिनाइयों का कारण है और पश्चिम पंजाब में

हुए अत्याचारों का एकमात्र उत्तर शेष भारत में भावनाएँ उभाड़ना है। जनता खुलेआम यह शिकायत कर रही है कि दिल्ली और अन्य शहरों में मुसलमानों को खुलेआम घूमने की इजाजत क्यों दी जा रही है, पुलिस और प्रशासन में मुसलमान क्यों हैं? इसी तरह की अन्य माँगें भी जनता कर रही है।''[2]

सरदार पटेल ने पत्र समाप्त करते हुए नेहरू से आग्रह किया था कि वे लियाक़त पर इस बात के लिए जोर डालें कि ''अराजकता और उपद्रवों को कड़ाई से दबाने के लिए वे तत्काल कार्रवाई करें।'' पटेल ने पत्र में यह भी लिखा था कि ''कड़ी कार्रवाई आम जनता के अराजक तत्त्वों के ख़िलाफ़ ही नहीं, बल्कि सेना, पुलिस एवं प्रशासन में गड़बड़ी फैलाने वाले तत्त्वों के ख़िलाफ़ भी होनी चाहिए।''[3] पाकिस्तानी प्रधानमंत्री भी बहुत परेशान थे, उन्होंने नेहरू को आश्वासन दिया कि उपद्रवी तत्त्वों का निर्ममता से मुकाबला किया जाएगा, पर वे इस काम में बुरी तरह असफल रहे। पश्चिमी पाकिस्तान में एक भी सिख या हिन्दू स्वयं को सुरक्षित अनुभव नहीं कर रहा था। अपना घर-बार छोड़कर जान बचाने के लिए वे निकल पड़े। हर कदम पर उन्हें लुटेरों-हत्यारों से जूझना पड़ा। भयंकर दृश्य था। भारत में इसकी प्रतिक्रिया स्वाभाविक थी; मुसलमान, विशेषकर उत्तर के मुसलमान, धर्मांध हिन्दुओं के गुस्से के शिकार हुए। पूर्वी पंजाब और दिल्ली में हिन्दू और सिख शरणार्थियों ने मुसलमानों में तबाही मचा दी। उन्हें क्रूरता से मारा गया, घर लूट लिये गए। मस्जिदों तक को नहीं छोड़ा गया। मुसलमान अपनी जान बचाने के लिए भागे, उनमें से बहुतों ने पुराने किलों में शरण ली। सब तरफ आतंक था। लूटमार, आगजनी और बलात्कार तक की घटनाओं के प्रति पुलिस और प्रशासन ने आँखें मूँद ली थीं।

गांधी जी इस बात से दुखी थे कि उनके स्वतंत्र भारत की राजधानी दिल्ली नरक बन गई है। उन्होंने अपनी पीड़ा नेहरू को बताई। सरदार से भी वे अप्रसन्न थे। 30 सितम्बर, 1947 को नेहरू ने पटेल को लिखा, ''मुझे कई सूत्रों से मिली सूचनाओं से यह संकेत मिलता है कि दिल्ली में हुई गड़बड़ी के पीछे कुछ सुनियोजित सिख और हिन्दू संगठनों का हाथ है। सम्भवत: अधिकांश हत्याएँ किसी एक या अधिक सशस्त्र सिख संगठनों ने की हैं, जो इसी काम के लिए यहाँ आए थे और जो बाद में शिमला, कालका और अन्य स्थानों पर भी गए।

लगता है हिन्दुओं के गिरोहों का रिश्ता राष्ट्रीय स्वयंसेवक संघ (आर.एस.एस.) से है। मुझे यह स्पष्ट लग रहा है कि न केवल दिल्ली, बल्कि अन्य स्थानों पर भी हो रही गड़बड़ियों में आर.एस.एस. का काफी हाथ है। अमृतसर में उन्होंने जो कुछ किया वह बहुत स्पष्ट है।''[4]

आज़ाद ने भी पटेल को इसी तरह की प्रतिक्रिया व्यक्त की थी। उन्हें लग रहा था कि हिन्दू और सिख शरणार्थियों की पीड़ाओं के प्रति गृहमंत्री की सहानुभूति ने उन्हें भारत के निरपराध मुसलमानों के कष्टों के प्रति अन्धा बना दिया है। गांधी जी मानसिक अवसाद से घिरे हुए थे। कितनी ही रातें उन्होंने बेचैनी से काटी थीं। राजमोहन गांधी के शब्दों में, ''1947 की हर नृशंसता के प्रति किसी भी आदमी के दिल में प्रतिक्रिया एक-सी नहीं हो सकती न पटेल के दिल की, न जवाहरलाल के और न ही आज़ाद के। वल्लभभाई का दिल हिन्दू का दिल था। निस्सन्देह 50 हिन्दुओं या सिखों की मृत्यु की सूचना उन्हें 50 मुसलमानों की मृत्यु की अपेक्षा अधिक उद्वेलित करती।''[5] पटेल मुसलमानों को विभाजन के लिए उत्तरदायी मानते थे और इस गुस्से से वे उबर नहीं पाए थे। पटेल मानते थे कि मुसलमानों ने स्वयं अपने पर तो लादी ही, दूसरों को भी इस त्रासदी का शिकार बनाया। इसके बावजूद, राजमोहन गांधी का यह कहना सही है कि ''पटेल ने अन्याय नहीं किया।'' यह बात ऐसी अनेक घटनाओं से प्रमाणित होती है, जिनमें पटेल ने हिन्दू और सिख अपराधियों को बख्शा नहीं और घिरे हुए अनेक मुसलमानों की सहायता की। उन पर हिन्दू अधिकारियों पर निर्भर रहने का आरोप लगाना भी गलत है। विशेष पुलिस बल का इंस्पेक्टर जनरल उनका विश्वासपात्र था—और वह मुसलमान था। खुर्शीद आलम दिल्ली का पहला चीफ कमिश्नर था, और यह नियुक्ति पटेल ने की थी। उन्होंने एक भी मुसलमान अधिकारी या पुलिस अफसर को नहीं हटाया। जबकि मौलाना आज़ाद के आग्रह के बावजूद पुलिस, सरकार और सेना के अधिसंख्य मुसलमान अधिकारी स्वेच्छा से पाकिस्तान चले गए थे।[6] अच्छे, बुरे जैसे भी अधिकारी बचे थे, पटेल को उन्हीं से काम चलाना पड़ा था। उनके चुनने, न चुनने का प्रश्न ही नहीं उठता था। इसलिए, जब पटेल पर मुसलमान-विरोधी होने का आरोप लगा तो उन्होंने इस पर कड़ी आपत्ति प्रकट की थी। उन्होंने इस आरोप को 'मुझे

बदनाम करने के लिए गढ़ा गया' बताया। यह सच है कि उन्हें मुस्लिम लीग से घृणा थी, साम्प्रदायिकता का विष फैलाने के लिए उन्होंने जिन्ना की भर्त्सना की थी। पर उन्होंने यह भी कहा था कि "भारत में सात करोड़ मुसलमान हैं, वे सुरक्षित और स्वतंत्र रहें, यह देखना हमारा काम है।" वे दो-राष्ट्रों के सिद्धान्त के विरोधी थे और उन्होंने घोषणा की थी, "हमारी पहली समस्या जिन्ना और उनके उपदेशों को गलत सिद्ध करने की है।"[7]

सरदार पटेल की भी अपनी प्रशासनिक कठिनाइयाँ थीं, जो उन्होंने 12 अक्टूबर, 1947 को नेहरू को लिखे एक लम्बे पत्र में स्पष्ट की थीं। उन्होंने नेहरू को बताया था कि आधा पुलिस बल निकम्मा था। संकट के बीच वे या तो भाग खड़े हुए या इस्तीफा दे गए। और शेष आधों में से भी अधिसंख्य की विकृत सहानुभूति थी। उन्हें अन्य प्रान्तों से सही व्यक्ति बुलाने पड़े, अन्यथा सारा प्रशासनिक ढाँचा ही चरमरा जाता। दिल्ली जैसे घिर-सी गई थी, प्रतिदिन हजारों शरणार्थी वहाँ पहुँच रहे थे। उनका दुख-दर्द दूसरों को प्रभावित कर रहा था। इस सबसे उपजी अराजकता को सँभालना आसान काम नहीं था। डिस्ट्रिक्ट मजिस्ट्रेट के टेलीफोन की घंटी थमती ही नहीं थी और चीफ कमिश्नर एक से दूसरी जगह भागता फिर रहा था। अपना अनुभव सुनाते हुए सरदार पटेल ने लिखा, "यह बात मुझे इसलिए समझ आई कि स्वयं मेरे पास टेलीफोन आ रहा था।" सच बात तो यह है कि टेलीफोन-तंत्र ही ध्वस्त हो गया था। सरदार के निर्देश तक या तो सम्बन्धित अधिकारी को नहीं मिल पा रहे थे या उनका पालन नहीं हो रहा था। उन्होंने नेहरू को आश्वस्त किया, "इन खामियों के लिए मैं स्थानीय प्रशासन को डाँट चुका हूँ, पर मुझे लगता है कि इन बातों को हम सही परिप्रेक्ष्य में तभी समझ सकते हैं यदि हम स्थानीय प्रशासन के समक्ष आई नितान्त अस्वाभाविक परिस्थितियों के सन्दर्भ में इन्हें देखें और यह तथ्य भी ध्यान में रखें कि पुलिस का मुखिया, एस.एस.पी., पूरी तरह अक्षम था और जो हुआ उसे न होने देने या रोकने के लिए जिस दृढ़ता, संकल्प और पूर्वानुमान की आवश्यकता होती है, वह उसमें नहीं था।"[8]

पूर्वी पंजाब में भी स्थिति कोई बेहतर नहीं थी; जालंधर और अमृतसर जैसी जगहों में सिख लड़ने-मरने पर आमादा थे; उनकी आँखों में खून था; किसी

अफसर में उनका सामना करने की हिम्मत नहीं थी। 30 सितम्बर, 1947 को इन स्थानों पर स्वयं जाकर सरदार ने सिखों की आहत भावनाओं को सहलाने की कोशिश की। सरदार ने उनसे आग्रह किया कि वे ''हम सभी को, और स्वतंत्रता प्राप्ति के बाद दुनिया की निगाहों में ऊँचा उठने की आकांक्षा वाले भारत को, बदनामी और अपमान में न झोंकें।'' उन्होंने कहा, ''निरपराध और निहत्थे व्यक्तियों, बच्चों और महिलाओं को मारना वीरों को शोभा नहीं देता; यह जंगल की लड़ाई है और अमानवीयता व नृशंसता की पराकाष्ठा है। आप सबको अपनी बहादुरी दिखाने के अवसर मिलेंगे; व्यक्ति को उपयुक्त समय पर और सही स्थिति में इनकी तलाश करनी चाहिए। यह समय दुस्साहसी या हताश होने का नहीं है, बल्कि क्या करना है और कैसे करना है, इस पर शान्तिपूर्वक सोचने का है। हमने आज़ादी अपने देश को महान और समृद्ध बनाने के लिए हासिल की है, न कि जो कुछ विदेशी शासक हमें दे गए हैं, उसे भी नष्ट करने के लिए।''[9] सरदार ने उन्हें याद दिलाया कि लाखों लोगों का जीवन दाँव पर लगा है; प्रतिहिंसा और प्रतिशोध की भावना को शान्त करने के लिए इन लाखों जानों की बलि नहीं दी जा सकती। पटेल ने शान्ति बनाए रखने की अपील करते हुए उनसे कहा, ''आक्रमण और प्रतिआक्रमण, बदले और जवाबी बदले के इस दुष्चक्र को तोड़िए।'' उनकी बातों का फल निकला; पूर्वी पंजाब के शरणार्थियों को सुरक्षित पश्चिमी पंजाब जाने दिया गया; भूख, बीमारी और गलत व्यवहार को भोगते हुए पश्चिमी पंजाब से आने वाले शरणार्थियों को भोजन और रहने की जगह दी गई। सरदार को इस बात का दुख था कि ''बरसों तक किए गए घृणा के प्रचार से पनपी कटुता इस सीमा तक बढ़ गई थी कि किसी मुसलमान को पूर्वी पंजाब में और किसी हिन्दू या सिख को पश्चिमी पंजाब में रहने देने के लिए तैयार नहीं थी।''

जिन्ना और उनकी राजनीति पटेल को कतई पसन्द नहीं थी। जिन्ना की राजनीति ने लाखों बेकसूर लोगों को पीड़ा पहुँचाई थी। इसके बावजूद सरदार ने इस बात की पूरी व्यवस्था की थी कि व्यक्तिगत रूप से जिन्ना को कोई नुकसान न पहुँचे। खुफिया सूत्रों से उन्हें सूचना मिली थी कि अकाली नेता मास्टर तारासिंह और उनके साथी जिन्ना की हत्या की योजना बना रहे थे। पटेल ने

तत्काल पंजाब के ब्रिटिश गवर्नर सर इवान जेनकिंस से सम्पर्क करके मास्टर तारासिंह की गिरफ्तारी के बारे में बात की, पर गवर्नर इस कार्रवाई से सहमत नहीं थे। उन्हें आशंका थी कि इस गिरफ्तारी से सिख-विरोध भड़क उठेगा और उसे नियंत्रित करना मुश्किल हो जाएगा। पूर्वी एवं पश्चिमी पंजाब में जेनकिंस के उत्तराधिकारी सर चंदूलाल त्रिवेदी तथा सर फ्रांसिस मुंडी भी जेनकिंस के विचारों से सहमत थे। इसके बावजूद सरदार पटेल ने मास्टर तारासिंह एवं उनके समर्थकों पर कड़ी निगरानी के निर्देश दिए और इस बारे में मिलने वाली हर जानकारी को पाकिस्तान की राजधानी कराची भिजवाने की व्यवस्था की। अमृतसर से दिल्ली लौटने के बाद पटेल ने सभी अधिकारियों और कर्मचारियों को इस आशय के विशेष निर्देश दिए कि जो कुछ पंजाब में हुआ था, शेष भारत में उसकी पुनरावृत्ति न हो। उन्होंने कड़ी एहतियाती कार्रवाई करने के आदेश जारी किए थे। 25 अक्टूबर, 1947 को छतारी के नवाब को लिखे एक पत्र में उन्होंने आश्वासन दिया था कि सरकार देश में हर जगह सामान्य स्थिति बनाने और अल्पसंख्यकों को सुरक्षा प्रदान करने के लिए कटिबद्ध है। उन्होंने यह भी आश्वासन दिया था कि भारत कभी भी धार्मिक राज्य नहीं बनेगा; उन्हें इस विचार से ही घृणा है और कांग्रेस इसे कभी स्वीकार नहीं करेगी—भले ही विभाजन से कितनी ही कटुता उत्पन्न हो गई हो और भले ही लीग ने सब तरफ कितना ही साम्प्रदायिक विष घोल दिया हो।

फिर भी, सरदार के कथन और गांधी जी व नेहरू के आग्रहों के बावजूद हिन्दुओं और मुसलमानों के सम्बन्ध बिगड़ते ही गए, सब तरफ शत्रुता व घृणा इतनी फैली हुई थी कि सरकार के लिए स्थिति सामान्य करना व शान्ति स्थापित करना कठिन हो रहा था। समन्वय और सामंजस्य का प्रश्न ही नहीं था। विभाजन के त्रासद परिणाम से सर्वाधिक परिचित और आहत मौलाना आज़ाद थे, जो स्वयं को एक नितान्त असहाय स्थिति में पा रहे थे। 23 अक्टूबर, 1947 को जामा मस्जिद की प्राचीर से शुक्रवार को एकत्र हुए लोगों को सम्बोधित करते हुए उन्होंने पीड़ा और आक्रोश से रुँधे गले से मुसलमानों से पूछा था, "आप लोगों के चेहरों पर दिख रही परेशानी, दिलों में छाई मुर्दनी मुझे पिछले कुछ सालों की वारदातों की याद दिला रही है। आपको याद है? मैंने आपको आवाज़ लगाई थी,

आपने मेरी ज़बान काट दी। मैंने अपनी कलम उठाई, आप लोगों ने मेरा हाथ काट दिया। मैंने आगे बढ़ना चाहा, आपने मेरी टाँगें काट दीं। मैंने मुड़ने की कोशिश की, आपने मेरी पीठ घायल कर दी। पिछले सात सालों में जब-जब राजनीति का घिनौना खेल चरम पर था, मैंने ऐसे हर खतरनाक मोड़ पर आप लोगों को खबरदार करने की कोशिश की। आपने न केवल मेरी आवाज़ को अनसुना किया, बल्कि उपेक्षा और इनकार की सारी पुरानी परम्पराओं को फिर से शुरू कर दिया। इसी का नतीजा है कि आज फिर वही खतरा आपको घेरे हुए है जिसने पहले भी आप लोगों को नेक राह से भटका दिया था।''[10]

वही आज़ाद, जिसे कभी उन्होंने अपमानित किया था और उनके क़ायदे-आज़म ने 'कांग्रेस का शो ब्वाय' कहकर जिसका उपहास किया था—और इस बात पर जिन्होंने कभी तालियाँ बजाई थीं—आज उन्हें अपना त्राता नज़र आ रहा था। आज वे उसी से सहायता और पनाह माँग रहे थे, पर वह क्या कर सकता था? आज़ाद ने उन्हें स्पष्ट कहा, ''आज मेरा वजूद कुछ नहीं रहा, मेरी आवाज़ दयनीय हो गई है। अपने ही मादरे-वतन में लावारिस हो गया हूँ। मेरी संवेदनाएँ भोथरी हो गई हैं और मेरा दिल भारी है। एक लम्हे के लिए ज़रा सोचिए, कौन-सा रास्ता अख्तियार किया था आपने? आज कहाँ पहुँचे और आज कहाँ खड़े हैं आप? आपके होश-हवास कुंद नहीं पड़ गए? आप लगातार डर के एक माहौल में नहीं जी रहे? यह डर आपका अपना पैदा किया हुआ है, आपके अपने किए का नतीजा है।''[11]

पिछली बातों और मुसलमानों द्वारा की गई भूलों को याद करते हुए मौलाना ने कहा, ''बहुत दिन नहीं बीते जब मैंने आपसे कहा था कि दो-राष्ट्रों का सिद्धान्त एक अर्थपूर्ण इज़्ज़त की ज़िन्दगी के लिए मौत की घंटी है। इसे छोड़ो। मैंने आपसे कहा था कि जिन खम्भों के सहारे आप खड़े हैं, वे गिरने वाले हैं। आप लोगों ने मेरी कोई बात नहीं सुनी। आपने यह समझा ही नहीं कि तेज़ी से भागने वाला वक़्त आपकी सहूलियत के लिए अपना रास्ता नहीं बदलेगा। वक़्त भागता गया। और अब आपको यह समझ आ रहा है कि आपके यक़ीन के तथाकथित लंगरों ने आपको मझधार में बहा दिया है, क़िस्मत की ठोकरें खाने के लिए।''[12]

उन्होंने मुसलमानों को स्मरण दिलाया कि उनके लीगी नेताओं ने उन्हें किस कठिन स्थिति में पहुँचा दिया था, "अंग्रेज़ों के खेल की बाजी उलट गई है। लीडर कहे जाने वाले जिन प्यादों को आपने बनाया और स्थापित किया था, रातोंरात गायब हो गए...पर आज मैं सीधी और मुद्दे की बात करना चाहता हूँ। भारत का बँटवारा बुनियादी गलती थी। मज़हबी फर्क को जिस तरह से भड़काया गया, उसका नतीजा वह तबाही ही हो सकती थी, जो हमने अपनी आँखों से देखी...पिछले सात सालों की वारदातों को गिनाने का कोई मतलब नहीं है, इससे कोई फायदा नहीं हो सकता। फिर भी इतना तो कहना ही होगा कि हिन्दुस्तानी मुसलमानों की तबाही मुस्लिम लीग के लीडरों द्वारा की गई भयंकर गलतियों का नतीजा है। जो नतीजे निकले, उनसे मैं ज़रा भी हैरान नहीं हूँ, मैंने शुरू में ही उन्हें भाँप लिया था।"[13] लीग के सबसे बड़े नेताओं में से एक चौधरी खालिकुज़्ज़मान भारत में ही रह रहे थे। संविधान सभा के मुसलमान सदस्यों ने उन्हें अपना नेता चुना। 15 अगस्त, 1947 को संसद के सेंट्रल हॉल में उन्होंने इतना भावुकतापूर्ण भाषण दिया था, और पाकिस्तान को भारत पर हाथ उठाने के विरुद्ध इतनी कड़ी चेतावनी दी थी कि नेहरू ने वहीं उन्हें बाँहों में भर लिया था। पर इसके कुछ ही समय बाद चौधरी पाकिस्तान भाग गए। सरदार ने उनके इस तरह भागने का उपहास उड़ाते हुए आशा व्यक्त की थी कि वे पाकिस्तान में सुखी रहेंगे।

निस्सन्देह इस तरह की घटनाओं ने भारतीय मुसलमानों के प्रति पटेल के रुख पर प्रतिकूल प्रभाव डाला, वे मुसलमानों पर अविश्वास ही करते रहे। लीग के साथ उनके पिछले सम्बन्ध पटेल कभी भूल नहीं पाए। वह गलत परमिट प्रणाली लागू करने के लिए मुख्यत: पटेल ही उत्तरदायी थे, जिसके अनुसार 15 अगस्त, 1947 को या उसके बाद सिर्फ घूमने के लिए पाकिस्तान गए मुसलमानों को भी अपनी नागरिकता खो देनी पड़ती थी। नेहरू ने इसका विरोध किया था; उनका कहना था कि उन भारतीयों को जो "परमिट प्रणाली लागू होने से पहले कुछ समय के लिए भारत से पाकिस्तान गए थे, बाद के किसी कानून के अनुसार दंडित कैसे किया जा सकता है।" पर पटेल के साथ-साथ यू.पी. के मुख्यमंत्री पंडित गोविन्द वल्लभ पंत समेत अनेक मुख्यमंत्रियों ने भी कहा कि शान्ति और व्यवस्था बनाए रखने के लिए यह कदम उठाया जाना ज़रूरी है। फिर यह

पाकिस्तान की कार्रवाई का जवाब ही था। नेहरू के प्रसिद्ध जीवनीकार एस. गोपाल के अनुसार न केवल सरदार बल्कि मंत्रिमंडल के अन्य वरिष्ठ मंत्रियों ने भी, जिनमें राजेन्द्र प्रसाद भी शामिल थे, परमिट प्रणाली को क्रियान्वित करने के लिए दबाव डाला था।

ऐसे मुसलमानों की दुर्दशा के लिए उत्तरदायी एक और कार्रवाई शरणार्थी-सम्पत्ति-कानून को लागू किया जाना था, जिसके फलस्वरूप उनके व्यापार, उद्योग, दुकानें, ज़मीन-जायदाद, चल-अचल सम्पत्ति आदि का स्वामित्व छीन लिया गया था। यहाँ तक कि पुलिस को जिन मुसलमानों के पाकिस्तान जाने का सन्देह था, उन्हें भी इस कानून के दायरे में ले लिया गया। यह एक क्रूर कानून था जिसे पटेल के साथ-साथ नेहरू की भी स्वीकृति प्राप्त थी। कानून से प्रभावित होने वाले मुसलमानों के आन्दोलित होने पर पटेल और नेहरू दोनों ने कुछ कर पाने में विवशता प्रकट की थी, क्योंकि यह कार्रवाई भी पाकिस्तानी कार्रवाई के जवाब में ही की गई थी। पटेल के अनुसार भारत इस कानून के अन्तर्गत जितनी मुसलमान सम्पत्ति अधिगृहीत करेगा, हिन्दुओं व सिखों की उससे दस गुना अधिक सम्पत्ति पाकिस्तान ने जब्त कर ली है। पश्चिमी पाकिस्तान से सभी हिन्दुओं व सिखों को निकालकर उनकी सम्पत्ति पर कब्ज़ा कर लिया गया था; पूर्वी पाकिस्तान में स्थिति कहीं बेहतर थी, वहाँ यह कानून लागू नहीं हुआ था। इसलिए पश्चिम बंगाल और असम के मुसलमान कुल मिलाकर इस पीड़ा से बच गए थे।

आश्चर्य की बात है कि ये दोनों कार्रवाइयाँ पाकिस्तान ने प्रारम्भ की थीं, जिसके फलस्वरूप बदले में भारतीय मुसलमानों को मुसीबतों और कठिनाइयों को झेलना पड़ा। यह वह क्रूर पुरस्कार था जो जिन्ना ने—वे तब तक जीवित थे—हिन्दू बहुमत वाले प्रान्तों में अपने अनुयायियों को दिया। 10 सितम्बर, 1938 को पटना में हुई एक आमसभा में एक अज्ञात उर्दू सम्पादक के कहने पर उन्होंने जिन्ना को क़ायदे-आज़म की पदवी दी थी। यह नाम चल निकला। गांधी जी ने भी इसे स्वीकार कर लिया, पर पटेल और नेहरू ने नहीं। विडम्बना यह है कि जिन मुसलमानों को जिन्ना ने धरती पर स्वर्ग उतार लाने का आश्वासन दिया था, उन्हीं के लिए उन्होंने एक भयंकर नरक का सृजन कर दिया। और भारत से

पाकिस्तान जाने वाले मुहाजिर आज भी जिन्ना की मूर्खता का फल भुगत रहे हैं। पटेल मुसलमानों द्वारा जिन्ना को दिए गए समर्थन की याद दिलाते हुए कभी नहीं थकते थे।

गांधी जी और नेहरू को उनके प्रति काफी अनुग्रह था, पर पटेल उनके 'विश्वासघात' को कभी क्षमा नहीं कर पाए। उन्हें ऐसे व्यक्तियों से कोई सहानुभूति नहीं थी। पर इस सबके बावजूद कानून और व्यवस्था के प्रबन्ध में उन्होंने कभी भेदभाव नहीं बरता। और न ही धर्मनिरपेक्षता के उनके दृष्टिकोण में कोई अन्तर आया। 19 सितम्बर, 1947 के कलकत्ता के 'स्टेट्समैन' में प्रकाशित एक समाचार के अनुसार दिल्ली में मिले मुसलमानों के एक प्रतिनिधिमंडल से, जो कि उनके प्रति सरकार के कठोर रवैये की शिकायत करने आया था, गांधी जी ने कहा कि हालाँकि पटेल को यह सन्देह अवश्य है कि अधिसंख्य मुसलमान भारत के प्रति निष्ठावान नहीं हैं, और वे यह भी चाहते हैं कि उन्हें पाकिस्तान चले जाना चाहिए, पर "उनका सन्देह उनकी कार्रवाई को न प्रभावित करता है, न कभी करेगा।" पटेल पर निरन्तर यह दबाव डाला जा रहा था कि चूँकि पाकिस्तान मुसलमान राज्य बन गया है, इसलिए भारत को भी हिन्दू राज्य घोषित कर दिया जाना चाहिए। इस माँग के कट्टर समर्थक बी.एम. बिड़ला को पटेल ने कहा था, "मैं नहीं समझता कि भारत ऐसा हिन्दू राज्य माना जा सकता है, जिसमें शासन का धर्म हिन्दू हो। हमें यह नहीं भूलना चाहिए कि यहाँ अन्य अल्पसंख्यक भी हैं जिनकी सुरक्षा हमारा पहला दायित्व है।"[14] वरिष्ठ सैनिक तथा असैनिक अधिकारियों ने ऐसे कई उदाहरण दिए हैं जब पटेल ने धर्मांध हिन्दुओं से बेगुनाह एवं गरीब मुसलमानों की रक्षा करने में विफलता के लिए उनकी भर्त्सना की। वी. शंकर ने लिखा है कि एक रात दक्षिण दिल्ली की निज़ामुद्दीन औलिया की दरगाह की रक्षा के लिए पटेल भागे गए थे। जब उन्हें यह पता चला कि कुछ बदमाशों ने उस पर कब्ज़ा कर लिया है तो कन्धे पर शॉल डालते हुए उन्होंने अपने सचिव से कहा था, "इससे पहले कि संत नाराज़ हो जाएँ, चलो, हम उनके पास चलें।"[15] पटेल लगभग एक घंटा वहाँ रहे थे—दरगाह के प्रति पूर्ण सम्मान दर्शाते हुए उन्होंने सबके बारे में पूछताछ की और पुलिसवालों को चेतावनी दी कि यदि वहाँ और गड़बड़ हुई तो उन्हें नौकरी से निकाल दिया

जाएगा। उन दिनों पटेल के साथ काम करने वाले वरिष्ठ आई.ए.एस. अफसरों—के.बी. लाल, तथा अन्यों ने मुसीबत में पड़े मुसलमानों की सहायता के ऐसे कई विवरण दिए हैं। भारत के विभाजन के लिए वे मुसलमानों को दोषी मानते थे। पर उन्हें अनावश्यक रूप से परेशान करने और सताने के लिए उन्होंने हिन्दुओं को कभी बख्शा नहीं। सरदार के कट्टर विरोधी चौधरी खालिकुज़्ज़मान ने भी अपनी पुस्तक 'पाथवे टु पाकिस्तान' में घिरे हुए मुसलमानों को बचाने के लिए सरदार द्वारा की गई दृढ़ कार्रवाई की प्रशंसा की है। उन्होंने अपनी पुस्तक में लिखा है, ''दिल्ली के मुसलमानों से मिली शिकायत के बाद मैंने संविधान सभा में अगले दिन सरदार पटेल से बात की। मैंने उनसे पूछा, 'क्या आप दिल्ली में भी वह सब होने देंगे जो पूर्वी पंजाब में हो रहा है?' पटेल ने जवाब दिया था, 'मैं किसी भी कीमत पर दिल्ली में गड़बड़ी नहीं होने दूँगा।' जब मैं संविधान सभा की बैठक से बाहर आया तो मुझे पता चला कि दिल्ली में 24 घंटे के लिए धारा 144 लागू कर दी गई है। मुझे लगा कि कुछ तो अच्छा काम हुआ। फिर 24 घंटे की मियाद बीतने से पहले ही इसी सेक्शन के मातहत मियाद बढ़ाकर बहत्तर घंटे कर दी गई। अफवाह थी कि यह कार्रवाई दिल्ली में सिखों और जनसंघ की हरकतों को दबाने के लिए की गई थी।''[16]

इस बात के कोई प्रमाण नहीं हैं कि जिन मुसलमानों को विश्वासघाती पाया गया, उनके प्रति भी पटेल क्रूर अथवा अनावश्यक रूप से कठोर थे। पटेल ने जिन्ना को समर्थन देने के लिए ऐसे लोगों की आलोचना की, उनकी निन्दा की, उन्हें बख्शा नहीं। वस्तुतः वे ऐसे लोगों से घृणा करते थे। उनकी यह आक्रामकता अक्सर प्रतिकूल वातावरण का कारण बन जाती थी और ओछे लोग मुसलमानों के ख़िलाफ़ इसका उपयोग करते थे। जैसे एक बार स्वागत-भाषण करते हुए पटेल ने कुछ लोगों के सामने कहा कि भारत में एक ही राष्ट्रवादी मुसलमान है, और वह हैं नेहरू। यह बात जंगल में आग की तरह फैल गई। गांधी जी भी इस बात से परेशान हो गए। उन्होंने पटेल से कहा कि वे अपनी हाजिरजवाबी को विवेक पर हावी न होने दें। पर पटेल ने गांधी जी को भी नहीं बख्शा था : एक बार उन्होंने गांधी जी से कहा था कि मुसलमानों के प्रति उनके नरम रुख ने उन्हें बिलकुल नरम ही बना दिया है। लेकिन इसके बावजूद, ये प्रतिक्रियाएँ कितनी

ही दुर्भाग्यपूर्ण क्यों न हों, पटेल को साम्प्रदायिक नहीं बना पाईं। धर्मनिरपेक्षता के प्रति उनकी आस्था अडिग रही। निधन से सिर्फ दो माह पूर्व, 7 अक्टूबर, 1950 को हैदराबाद में दिए गए उनके भाषण से यह बात स्पष्ट उजागर होती है। उन्हें बताया गया कि पुलिस की निगरानी से बचकर लायक़ अली के विमान द्वारा कराची चले जाने की नाटकीय घटना पर शहर के कुछ मुसलमानों ने खुशियाँ मनाईं। लायक़ अली निज़ाम का अन्तिम प्रधानमंत्री था और रज़वी का निकट सहयोगी। स्थानीय मुसलमानों द्वारा मनाई गई इसी खुशी के सन्दर्भ में सरदार ने उनके अनुचित व्यवहार पर नाराज़गी व्यक्त करते हुए कहा था, ''मुझे यह शक होना स्वाभाविक है कि यहाँ के मुसलमान भारत के साथ अपना भविष्य नहीं जोड़ रहे।'' कहीं उनकी इस बात को सभी भारतीय मुसलमानों की आलोचना न मान लिया जाए, यह सोचकर पटेल ने तत्काल कहा था, ''मैं जानता हूँ कि जब गांधी जी की हत्या हुई थी तो कुछ हिन्दुओं ने भी इसी तरह खुशियाँ मनाई थीं। मैं सिर्फ इस बात पर जोर देना चाहता हूँ कि जब तक दोनों समुदायों के मन से यह राक्षसी तत्त्व नहीं निकल जाता, वास्तविक शान्ति नहीं हो सकती।''[17] उन्होंने हिन्दुओं को भी चेतावनी दी कि देशद्रोही मुसलमानों के साथ निबटने का काम उनका नहीं है। सरकार के हाथ इस काम के लिए सक्षम हैं। उन्होंने अपने धर्म-बन्धुओं से अपील की कि वह मुसलमानों पर अविश्वास करना छोड़ दें। उन्होंने कहा, ''अगर आप यह समझते हैं कि उनके मुसलमान होने के कारण आप निष्ठावान मुसलमानों को लगातार परेशान करते रहेंगे, तो हमारी स्वतंत्रता सार्थक नहीं है।''[18] वह यह बात नहीं सह सकते, इसलिए ऐसे अपराधियों के साथ वे कड़ाई से निबटेंगे।

पुलिस स्टेशन से आकर सरदार पटेल ने जो पहला काम किया वह मिलिट्री गवर्नर जनरल चौधरी को उर्दू को हैदराबाद की राज्यभाषा बनाए रखने के निर्देश देने का था। उनके निजी सचिव, वी. शंकर ने लिखा है, ''कुछ अयोग्य व्यक्तियों को छोड़कर सभी प्रशासकीय कर्मचारियों को पद पर रहने दिया गया था, बाहर से कुछ व्यक्तियों को लाकर उच्चाधिकारियों का तबका मज़बूत किया गया था। पर मुझे विशेष खुशी इस बात से हुई कि उर्दू को ही प्रशासन की भाषा बनाए रखा गया और राज्य में हुए उर्दू के विकास में हस्तक्षेप नहीं किया गया। सम्भव

है, सरदार के साथ मेरी निकटता को इसका श्रेय दिया जाए, पर मैं यह स्पष्ट कर देना चाहता हूँ कि इसके लिए सरदार को मेरी ओर से किसी प्रकार के आग्रह की आवश्यकता नहीं पड़ी थी। पिछली नीति की उपयोगिता वे तत्काल समझ गए थे।''[19]

हैदराबाद की स्थिति जब नियंत्रण में आ गई और विघटनकारी प्रवृत्तियों को सफलतापूर्वक दबा दिया गया तो सरदार पटेल ने हैदराबाद के मुसलमानों को आश्वस्त किया कि जब तक वे भारत के प्रति निष्ठावान रहेंगे उन्हें पाकिस्तान के गठन के फलस्वरूप किसी भी प्रकार से डरने की आवश्यकता नहीं है। उनकी यह घोषणा स्पष्ट और बिना किसी शर्त के थी। उन्होंने कहा, ''हमने यह सोचा था कि शान्ति से आपसी सद्भावना और भाईचारे के साथ रह सकेंगे, दोनों देश अपने ढंग से अपना-अपना भाग्य बनाएँगे। पर पाकिस्तान ने भिन्न नीति और भिन्न राह चुनी; मैं उन्हें यह बताना चाहता हूँ कि सदियों के भाईचारे के परिणामस्वरूप हिन्दुओं और मुसलमानों में जो आपसी समझ पैदा हुई है, वह पाकिस्तान के हर सम्भव प्रयास के बावजूद समाप्त नहीं होगी। इस तरह के दबावों से दिलों को पृथक् नहीं किया जा सकता। यदि आपमें से किसी को यह विश्वास है कि वे आपकी रक्षा करेंगे, तो उसे निराश ही होना पड़ेगा। इसलिए, मैं अपने मुसलमान दोस्तों से यह कहना चाहता हूँ कि वे उनके शब्दों और नीतियों के छलावे में न आएँ। मैं हिन्दुओं से भी यह अपील करता हूँ कि वे बीती को बिसार दें। जो हुआ, वह सब शहरों में रहने वाले मुट्ठी भर लोगों की शरारत थी। गाँवों के लाखों मुसलमान इस बारे में कुछ जानते तक नहीं। उन्होंने कभी पाकिस्तान के बारे में सोचा भी नहीं। उन्होंने ऐसा क्या अपराध किया है कि उनके साथ भिन्न व्यवहार किया जाए।''[20]

हालाँकि पुलिस एक्शन में कोई खून-खराबा नहीं हुआ था, फिर भी पाकिस्तान के विदेशमंत्री ज़फ़रुल्ला ख़ान ने संयुक्त राष्ट्रसंघ में जाकर शोर मचाया कि भारत ने, विशेषकर पटेल ने, मुसलमानों पर अकथनीय अत्याचार किए हैं और कई जगह उनका कत्लेआम तक किया गया है। यह पूरा सच नहीं था। कुछ जिलों में, जहाँ रजाकारों ने कम्युनिस्टों के साथ मिलकर हिन्दू ज़मींदारों और व्यापारियों पर अत्याचार किए थे, उन्होंने मुसलमानों के ख़िलाफ़ बदले की

कार्रवाई की। प्राप्त दस्तावेज़ों के अनुसार सरदार इस दुर्भाग्यपूर्ण घटना से बहुत उद्विग्न थे। उन्होंने हैदराबाद के मुख्य असैनिक प्रशासक डी.एस. बाखले को इन आरोपों की जाँच करके विस्तृत रिपोर्ट देने के निर्देश दिए थे। बाखले की रिपोर्ट के अनुसार कई क्षेत्रों में कानून और व्यवस्था की स्थिति समुचित नहीं थी। उदाहरणार्थ, उस्मानाबाद जिले में ''युद्ध-विराम के तत्काल बाद हिन्दुओं ने मुसलमानों के घरों को लूटा और आगजनी की।'' ''बीड़ जिले में सात मुसलमानों का पता नहीं चल रहा था और सन्देह है कि उन्हें मार दिया गया था।'' बाखले ने यह भी लिखा कि एक मुसलमान की छुरा मारकर हत्या कर दी गई थी और उसी दोपहर शहर में एक पठान को मार दिया गया था। बीदर जिले की स्थिति सबसे खराब थी। बाखले ने लिखा है, ''इस आशय के अपुष्ट समाचार मिले हैं कि उराद, नागूमल, राजासुर, वरवथी, कटमण, हल्लीखेड़ और नलगाँव में कई मुसलमानों को मारा गया।''

बाखले की रिपोर्ट मिलने से पहले ही पटेल ने सम्भावित खतरनाक क्षेत्रों में सशस्त्र सेना की गश्त के आदेश दे दिए थे। बाखले का कहना है कि ''सैनिक कार्रवाई इतनी तेज़ी से की गई थी कि संचार के मुख्य मार्गों से दूर के कई हिस्से अछूते ही रह गए।'' जनसामान्य का गुस्सा मुख्यतः स्थानीय रजाकारों के ख़िलाफ़ था। उनके ख़िलाफ़ यह भावना ''पड़ोसी प्रान्तों से बड़ी संख्या में आए शरणार्थियों से उपजी थी। पर इस गुस्से का इजहार मुसलमान आबादी को मारने में नहीं, मुसलमान घरों को लूटने-जलाने में हुआ। ऐसा लगता है कि मुसलमान आबादी को खत्म करने के किस्से निराधार हैं और उन्हें सुरक्षा परिषद में भारत के ख़िलाफ़ नरसंहार की शिकायत को मज़बूत बनाने के लिए सम्बन्धित व्यक्तियों ने गढ़ा है।''[21]

सरदार ने प्रधानमंत्री नेहरू को लगातार खराब होती स्थिति तथा अपराधियों के ख़िलाफ़ उठाए गए कड़े कदमों की जानकारी तो दी ही, स्थानीय प्रशासन को भी उन्होंने, मुसलमानों को सुरक्षा प्रदान करने के निर्देश दिए थे। उन्होंने गवर्नर जनरल सी. राजगोपालाचारी को भी आश्वस्त किया कि शान्ति एवं साम्प्रदायिक सामंजस्य को भंग करने की हर कोशिश को कड़ाई से विफल बनाने के लिए स्पष्ट निर्देश मिलिट्री गवर्नर को दिए गए हैं। राजाजी ने पटेल को सुझाव दिया

था कि वातावरण को सुधारने के लिए विनोबा जी को हैदराबाद भेजा जाए, पर नेहरू और पटेल दोनों को लगा था कि इससे कोई विशेष लाभ नहीं होगा। पटेल ने राजाजी से कहा कि जरूरत सरकार द्वारा कड़ी कार्रवाई की है और वह की जा रही है। इस बीच सरदार ने निज़ाम के शासन के ख़िलाफ़ चलाए जा रहे आन्दोलन के अगुआ हैदराबाद स्टेट पीपल्स कॉन्फ्रेंस के अध्यक्ष स्वामी रामानन्द तीर्थ और उनके सहयोगी मेलकोटे को मिलने के लिए बुलाया। 15 नवम्बर, 1946 को राजाजी को भेजे पत्र में पटेल ने लिखा, ''उन्होंने इस बात का खंडन किया है कि हमारी सेना के हैदराबाद जाने के बाद वहाँ बड़ी संख्या में मुसलमान मारे गए हैं। उन्होंने यह अवश्य कहा है कि जिन क्षेत्रों में रजाकारों ने ज्यादतियाँ की थीं, वहाँ स्थानीय जनता ने मौका मिलते ही बदले की कार्रवाई की...''[22] सरदार एवं राजाजी के बीच हुए पत्र-व्यवहार से लगता है कि दोनों ही स्वामी से प्रभावित नहीं थे। वास्तव में राजाजी ने व्यंग्यात्मक शैली में सरदार को लिखा था, ''ऐसा लगता है आप स्वामी तीर्थ से, जो अपना असली नाम नहीं बताना चाहते, आज बच नहीं सकते।''[23] इसके साथ ही उन्होंने 'स्टेट्समैन' में छपे एक समाचार की कतरन भी भेजी थी, जिसमें पत्र के विशेष संवाददाता ने लिखा था कि स्वामी ''हैदराबाद की प्रस्तावित अन्तरिम सरकार के प्रथम प्रधानमंत्री भी बन सकते हैं।'' यह पूछे जाने पर कि अब जबकि हैदराबाद स्वतंत्र हो गया है, क्या वे राजनीति छोड़ देंगे, स्वामी ने संवाददाता को उत्तर दिया था, ''मैं राजनीति को अपनी राह से धकेलूँगा नहीं।''[24]

रामकृष्ण राव और जनार्दनराव देसाई जैसे स्वामी के शत्रुओं ने उनके ख़िलाफ़ पटेल के कान भर दिए थे। 3 जून, 1949 को नेहरू को लिखे पटेल के एक पत्र में यह बात स्पष्ट उभरकर आती है। पटेल ने इस पत्र में 'जटिल स्थिति' को समझाते हुए लिखा था कि इसे उचित पृष्ठभूमि एवं परिप्रेक्ष्य में समझना ज़रूरी है—''हम अपेक्षाकृत कम प्रशासनिक कर्मचारी एवं पुलिस बल लेकर हैदराबाद गए थे। पुलिस एक्शन प्रारम्भ होने के बाद स्थानीय प्रशासन बुरी तरह प्रभावित हुआ था। स्थानीय पुलिस एवं सेना का कोई प्रभाव नहीं रह गया था। हमारे पास सीमित सेना थी और नियंत्रण स्थापित करने में हमें समय लगा। स्थानीय नागरिक प्रशासन अप्रसन्न भी था और हतोत्साहित भी। मुसलमान आबादी कुल मिलाकर

असहयोगी, संशयी एवं बुरी तरह घबराई हुई थी। राज्य में कांग्रेस की जड़ें गहरी नहीं थीं, वास्तव में एक संगठन के रूप में उसका प्रभाव बहुत सीमित था। आबादी के बाकी हिस्सों में साम्प्रदायिक स्वरूप के कारण और अधिक भ्रष्ट हुए एक तानाशाही शासन के कुप्रभाव स्पष्ट दिख रहे थे। चापलूस और जी-हुजूरिए सब तरफ थे, विश्वसनीय एवं भले व्यक्ति कहीं-कहीं दिखते थे। पुलिस एक्शन के समय राज्य के कांग्रेस संगठन में ऐसे बहुत से लोग थे, जो निहित स्वार्थों के लिए आपराधिक कार्यों में लिप्त थे। ऊपर से, पूरा संगठन बुरी तरह दो हिस्सों में बँटा हुआ था—और दोनों एक-दूसरे का गला दबाने पर उतारू थे।''[25]

सरदार नेहरू की इस बात से सहमत थे कि परिवर्तन को लोक-स्वीकृति मिलना ज़रूरी है और यह काम जल्दी होना चाहिए। पर उन्होंने बताया कि इस काम के लिए वहाँ कोई लोकप्रिय संगठन नहीं था। राज्य की कांग्रेस के नेता यह काम नहीं कर सकते थे। पटेल ने स्वामी रामानन्द तीर्थ को ''सलाह दी थी कि वे अपने अनुयायियों में एकता स्थापित करके अपने संगठन की जड़ें फैलाएँ ताकि आगामी चुनाव में राज्य कांग्रेस को अच्छा समर्थन मिल सके। मैंने उनसे मुसलमानों का विश्वास जीतने के लिए कहा था ताकि उनका संगठन वास्तव में व्यापक आधार वाला और गैर-साम्प्रदायिक बन सके। एकता स्थापित करने के लिए मैंने उनकी सहायता भी की, पर मैं देख रहा हूँ कि अब वहाँ असली एकता नहीं है। जो एकता या समन्वय दिख रहा है, वह सतह पर ही है।''[26]

धीरे-धीरे स्वामी तीर्थ और सरदार के रिश्ते कटु होते गए। राज्य कांग्रेस के कुछ कार्यकर्ताओं द्वारा उमरी बैंक को लूटने की घटना से सरदार परेशान हो उठे। स्वामी तीर्थ के सहयोगी गोविन्द श्रौफ ने 12 सितम्बर, 1949 को सरदार पटेल को एक पत्र लिखा था। जिसमें इस लूट की पृष्ठभूमि व कार्यविधि बताई गई थी : ''उमरी बैंक की घटना निज़ाम के शासन के ख़िलाफ़ जनता के आन्दोलन के दौरान घटी। इस आन्दोलन में बहुत लोगों ने हिस्सा लिया था। वस्तुतः इस लूट की योजना संघर्ष समिति अथवा उसकी किसी शाखा ने नहीं बनाई थी। यह एक संयोग ही था कि हमारे कुछ कार्यकर्ता इस कार्रवाई में शामिल थे। बाकी लोगों के साथ मिलकर इन कार्यकर्ताओं ने योजना बनाकर सफलतापूर्वक यह कार्य सम्पादित किया था। इसके बाद उन लोगों ने अपने साथियों को समझा-

मनाकर हममें से कुछ लोगों को यह बात बताई। हमने उन्हें सलाह दी कि इस लूट का सारा पैसा संघर्ष को तीव्र करने पर खर्च किया जाना चाहिए और एक भी पाई किसी के व्यक्तिगत काम के लिए नहीं लगनी चाहिए। उन्होंने हमारी बात मान ली, क्योंकि यह योजना तत्कालीन सरकार पर हमले के रूप में अपनाई गई थी, यह डकैती किसी स्वार्थपूर्ति के लिए नहीं थी। वह सारा पैसा संघर्ष के लिए ही खर्च हो रहा था। पुलिस एक्शन के तत्काल बाद कुछ सामग्री सरकार को लौटा दी गई, कुछ नष्ट कर दी गई एवं कुछ को भंगार के रूप में गला दिया गया। इसके अतिरिक्त, चौदह महीने के इस संघर्ष में मराठवाड़ा के कई केन्द्रों को आर्थिक सहायता देना ज़रूरी हो गया था। इस सबके लिए पहले सारी राशि आई.जी. मुद्रा में परिवर्तित करानी पड़ी थी। यह काम मुश्किल व खतरनाक तो था ही, इसमें काफी पैसा भी खर्च हुआ। जैसे-जैसे आवश्यकता पड़ी उपर्युक्त काम के लिए हमें राशि दी जाती रही। पुलिस एक्शन के तत्काल बाद जब स्वामी जी को रिहा किया गया तो उन्हें यह सारी बातें बताई गई थीं और शेष बची राशि की सूचना के साथ-साथ उसके भावी उपयोग के बारे में कार्यकर्ताओं की इच्छा भी उन्हें बता दी गई थी। यही सारा किस्सा है। यदि हम इस सब पर सहानुभूतिपूर्वक विचार करें और इस काम के लिए अपेक्षित साहस व बहादुरी को ध्यान में रखें तो यह सारी घटना एक अत्यन्त ईमानदार एवं निष्कपट प्रयास ही थी—भारत में साम्राज्यवाद-विरोधी संघर्ष के दौरान इस तरह के कई प्रयास हुए थे। फिर भी, यदि कोई भिन्न दृष्टिकोण से सारी बात को देखना चाहे तो इस मामले को एक घृणित अपराध, बदनामी और संयमहीनता मान सकता है।''[27]

स्पष्ट है, श्रीफ का यह तर्क सरदार पटेल के गले नहीं उतरा। उनके गांधीवादी संस्कार और मान्यताएँ यह स्वीकार नहीं कर पाए कि परिणाम साधन का औचित्य सिद्ध करते हैं। अधिकतर समय निज़ाम की जेल में रहने वाले स्वामी ऐसे आपराधिक कृत्य के भागीदार नहीं हो सकते थे; पर निज़ामशाही के ख़िलाफ़ आन्दोलन में तथाकथित मार्क्सवादियों के साथ उनके कथित सम्बन्धों को उनके विरोधियों ने भुनाया और इस आधार पर स्वामी के ख़िलाफ़ सरदार के कान भरे। फिर, राज्य कांग्रेस में ही भीतरी गुट एक-दूसरे के ख़िलाफ़ आरोप-प्रत्यारोप लगा रहे थे। प्रारम्भ में सरदार ने इन गुटों के मतभेद दूर करने का प्रयास किया, पर वे

भी उन्हें एक करने में सफल नहीं हो पाए। हैदराबाद की स्वतंत्रता के लिए संघर्ष करने वाले स्वामी को लगा कि उनके विरोधी उनमें पटेल का विश्वास तोड़ने में सफल हो गए हैं। इस बात से वे बहुत दुखी थे। हैदराबाद के अखबार 'दि डेली न्यूज़' के 28 सितम्बर, 1949 के अंक में लिखा गया कि स्वामी के कुछ विरोधियों ने पटेल को इस आशय का तार भेजा था कि स्वामी उन 'स्थानीय कम्युनिस्टों के प्रभाव में हैं' जिन पर पटेल विश्वास नहीं करते थे और जिनकी गतिविधियों के कारण तेलंगाना में कानून-व्यवस्था की गम्भीर समस्याएँ उत्पन्न हो गई थीं। स्वामी जी के ख़िलाफ़ चलाए जाने वाले अभियान के अगुआ में जनार्दन राव देसाई भी थे। देसाई ने जनरल चौधरी को सूचित किया कि ''स्वामी जी और उनका दल सोशलिस्ट पार्टी के साथ गुप्त वार्ता कर रहे हैं और किसी भी समय उनके दल का सोशलिस्ट पार्टी में विलय हो सकता है।''[28] मिलिट्री गवर्नर ने यह सूचना सरदार को भेज दी। लगता है, इससे स्वामी के प्रति सरदार का व्यवहार और कठोर हो गया होगा, क्योंकि इसके कुछ समय बाद ही स्वामी ने राज्य कांग्रेस की अध्यक्षता छोड़ दी थी। उन्होंने आई.सी.एस. अधिकारी एम.के. वेल्लोडी की अध्यक्षता में नए प्रशासन में भागीदारी के प्रस्ताव को भी अस्वीकार कर दिया। सरदार तथा स्वामी के रिश्ते इतने तनावपूर्ण हो गए थे कि स्वामी एवं उनके अनुयायियों ने नई कैबिनेट के शपथ-विधि समारोह में भी भाग नहीं लिया। उन्होंने कारण यह बताया था कि निज़ाम को राजप्रमुख बनाया गया है। सरदार इस बात से क्षुब्ध थे। पर इसके लिए मुख्यतः सरदार ही उत्तरदायी थे। वी.पी. मेनन ने अपनी पुस्तक 'दि स्टोरी ऑफ दि इंटीग्रेसन ऑफ दि इंडियन स्टेट्स' में लिखा है, ''पुलिस एक्शन के तत्काल बाद जब मुझे हैदराबाद जाने के लिए कहा गया तो सरदार से मैंने पहला प्रश्न निज़ाम के भविष्य के बारे में ही किया था। मेरा कहना था कि निज़ाम 37 साल से भी अधिक समय से शासन कर रहे थे; अपने राज्य में और देश के अपने धर्मावलम्बियों के बीच तो उनका स्थान है ही, विदेश में भी उनकी कुछ इज़्ज़त है। पुलिस एक्शन के तत्काल बाद उनके राजवंश को समाप्त कर देने का मुसलमानों पर विपरीत प्रभाव पड़ेगा। व्यक्तिगत रूप से मेरा यह मानना है कि निज़ाम को बने रहने देना चाहिए। राज्य में एक बार पूर्ण जनतांत्रिक सरकार के गठन एवं निज़ाम के उसके सांविधानिक

प्रमुख बनने के बाद उनकी ओर से कोई गड़बड़ नहीं होगी। सरदार इस बात से सहमत थे और उन्होंने मुझे कहा कि वे नेहरू से विचार-विमर्श करेंगे। अगले दिन उन्होंने मुझे सूचित किया कि नेहरू भी इस बात से सहमत थे।''[29]

स्वामी और उनके साथियों को यह बात रास नहीं आई। उधर लौह पुरुष भी स्वामी की गतिविधियों से लगातार परेशान थे। शंकर ने पटेल से स्वामी की बढ़ती दूरी को इस तरह समझाया है : ''सरदार का सामान्य निर्देश और नियंत्रण उदारवाद व प्रशासकीय कौशल के पक्ष में होता था। वे इस बात के पक्षधर थे कि कामकाज पड़ोसी राज्यों के ढाँचे के अनुरूप हो और वर्तमान ढाँचे की अच्छाइयों को आत्मसात् करे। जहाँ तक सम्भव हो प्रतिशोध एवं प्रतिकार की ताकतों को दूर रखा जाए या नियंत्रण में रखा जाए। इसी दृष्टिकोण से उन्होंने राज्य कांग्रेस को प्रशासकीय ढाँचे से दूर रखा था, हालाँकि उन पर लगातार यह दबाव बना हुआ था कि राज्य कांग्रेस को उसमें शामिल किया जाए। उस समय राज्य कांग्रेस का नेतृत्व स्वामी रामानन्द तीर्थ के हाथ में था। कांग्रेस को लोकप्रिय बनाने एवं प्रतिरोध आन्दोलन को खड़ा करने में स्वामी जी की भूमिका के सरदार प्रशंसक थे, पर वे केन्द्रीय भूमिका निभाने में स्वामी जी की सीमाओं से भी पूरी तरह परिचित थे। अत: उन्होंने स्वामी को दरकिनार रखते हुए रामकृष्ण राव तथा डी.जी. बिन्दु से सलाह लेना बेहतर समझा। राव तथा बिन्दु बाद में क्रमशः मुख्यमंत्री व गृहमंत्री बने थे।''[30]

इसका परिणाम यह निकला कि स्वामी तीर्थ एवं उनके अधिसंख्य साथी घटनाक्रम से निराश होकर कांग्रेस छोड़ गए; इनमें से कइयों ने रचनात्मक काम हाथ में ले लिये।

पाँचवाँ अध्याय

प्रतिक्षेप

जनवरी 1948 में लखनऊ में दिए सरदार पटेल के भाषण से मुसलमान क्षेत्रों में खलबली मच गई—इसे एक तरह से मुसलमानों पर आक्रमण की घोषणा ही मान लिया गया। बहुत से राष्ट्रवादी मुसलमानों ने इसके खतरनाक परिणामों के बारे में गांधी जी से शिकायत की—खतरनाक इसलिए कि यह बात शक्तिशाली गृहमंत्री ने कही थी। पर इस बात की पृष्ठभूमि भी थी। पटेल का यह भाषण उन भड़काऊ भाषणों की प्रतिक्रिया थी जो दिसम्बर 1947 में उसी लखनऊ शहर में मुसलमानों के एक सम्मेलन में हुए थे। एक लाख से अधिक लोग उस सम्मेलन में सम्मिलित हुए थे। आमंत्रितों में मौलाना आज़ाद सहित कांग्रेस से जुड़े कई राष्ट्रवादी नेता शामिल थे। सम्मेलन में भारतीय मुसलमानों के प्रति सरकार की भेदभावपूर्ण नीति की कड़ी आलोचना की गई थी। सम्मेलन में भाग लेने वाले 'दि स्टेट्समैन' के संवाददाता ने लिखा था, ''कुछ भाषण शैतानी भरे एवं भड़काने वाले थे और आश्चर्य की बात है कि ऐसी बातों की शुरुआत डॉ. सैयद महमूद ने की थी।''[1] यद्यपि सैयद वरिष्ठ कांग्रेसी नेता थे पर पहले भी वे अहमदनगर जेल से आपत्तिजनक ढंग से रिहा होने के कारण सरदार के कोपभाजन बन चुके थे। लेकिन वे पक्के राष्ट्रवादी और लीग-विरोधी थे। ऐसे ही नेता मौलाना हफ़ीजुर रहमान भी थे, जमाइतुल-उलेमा-ए-हिन्द के शक्तिशाली नेता, जो स्वतंत्रता संग्राम के दौरान चट्टान की तरह कांग्रेस के साथ खड़े रहे। पर उस दिन उनका भाषण भी काफी तीखा था।

यह दुर्भाग्यपूर्ण ही है कि इन नेताओं की बातों का, जो कि लीग से लड़ते रहे। थे, सरदार ने इतना बुरा माना। ये सब उनके पुराने साथी थे। इसीलिए, सरदार पटेल की कटु प्रतिक्रिया ने राष्ट्रवादी मुसलमानों को कहीं गहरे तक आहत किया। प्रारम्भ में तो पटेल ने उन्हें आश्वासन दिया कि वे उनके साथ हैं, पर फिर उन्होंने उन लोगों को लताड़ने में कोई कसर नहीं छोड़ी। उन्होंने कहा, ''मैं आप लोगों को स्पष्ट कह देना चाहता हूँ कि इस नाजुक घड़ी में भारतीय संघ के प्रति निष्ठा की घोषणा मात्र ही पर्याप्त नहीं है। आपको इन घोषणाओं को प्रमाणित करना होगा। मैं आपसे पूछना चाहता हूँ कि जब पाकिस्तान ने सीमांत कबाइलियों की मदद से भारतीय क्षेत्र पर हमला किया तो आप लोगों ने इसकी खुली निन्दा क्यों नहीं की? क्या भारत के विरुद्ध हुए हर हमले की भर्त्सना करना आपका कर्तव्य नहीं है?''[2] उन्होंने उन लोगों से साफ-साफ पूछा कि ''अपने सम्मेलन में आप लोगों ने कश्मीर की बात क्यों नहीं उठाई?'' उन्हें उठानी चाहिए थी आवाज़, पर ऐसे समय में जबकि भारत में मुसलमान घिरे हुए थे, अपने पुराने साथियों के प्रति कुछ उदारता की भावना होनी चाहिए थी; लेकिन सरदार तो उन पर बरस पड़े। उन्होंने जो कहा उसमें कुछ भी गलत नहीं था, पर जिस तरह कहा गया, वह गलत था। इससे पहले आज़ाद ने भी लगभग यही बात दिल्ली में मुसलमानों से कही थी। पर उनका स्वर भिन्न था—उन्होंने अपना गुस्सा अपनी पीड़ा से व्यक्त किया था। वे कम कठोर नहीं थे, पर मुसलमानों के लिए उनका दिल रो रहा था। पर सरदार को ऐसी कोई चिन्ता नहीं थी। वे गुस्से में बोले थे। उनके शब्दों में सहानुभूति नहीं थी। उन्होंने मुसलमानों को कठघरे में खड़ा करके अभियोक्ता की तरह उन पर हमला बोल दिया।

ऐसे समय में जबकि वे दुखी और असहाय थे, पटेल की कड़ी चेतावनी ने मुसलमानों को पूरी तरह झकझोर दिया। उन्होंने मुसलमानों से कहा था, ''जो पाकिस्तान जाना चाहते हैं, वे वहाँ जाकर शान्ति से रह सकते हैं। हम यहाँ अपने लिए शान्ति से रहना चाहते हैं।'' पटेल ने इस बात के लिए भी मुसलमानों की आलोचना की कि उन्होंने उसी शहर में विनाशकारी द्वि-राष्ट्र सिद्धान्त की नींव रखी थी और यह प्रचार किया था कि हिन्दुओं एवं मुसलमानों में कुछ भी समानता नहीं है। पटेल ने बड़े कड़े शब्दों में उन्हें पृथकतावादी मानसिकता

छोड़कर ''हिन्दुओं तथा अन्य के साथ एक ही नाव में रहना एवं साथ-साथ डूबना या तैरना'' सीखने का आह्वान किया था। ''मैं आप लोगों से स्पष्ट कहना चाहता हूँ कि आप दो घोड़ों की सवारी नहीं कर सकते। जो आपको पसन्द हो, वह घोड़ा आप चुन लें।''[3]

इस भाषण को बहुत प्रचार मिला था और भारत के अधिसंख्य पत्रों एवं पत्रिकाओं ने इसकी प्रशंसा की थी। हिन्दू नेताओं ने भी इसे काफी सराहा था। पर इस भाषण से आज़ाद नाराज़ थे, नेहरू परेशान और गांधी जी दुखी। मुसलमानों के प्रति पटेल के व्यवहार में आए परिवर्तन से ये तीनों चिन्तित थे। पहले भी महात्मा गांधी ने उन्हें कुछ रूखेपन से लिखा था, ''मुझे आपके ख़िलाफ़ कई शिकायतें मिली हैं। आपके भाषण उत्तेजना फैलाने वाले और लोगों की भावनाओं से खेलने वाले हैं। हिंसा-अहिंसा में आप फर्क नहीं करते। आप लोगों को तलवार का मुकाबला तलवार से करने की शिक्षा दे रहे हैं। यदि यह सच है, तो इससे बहुत नुकसान होगा।''[4] उन्होंने पटेल को यह सलाह भी दी कि वे अपने गुस्से पर भी काबू रखें। पटेल ने गांधी जी को इस बात का आश्वासन तो दिया, पर साथ ही यह भी कहा कि गुस्सा नेहरू को भी बहुत जल्दी आता है। महात्मा गांधी के लिए विचार और कर्म एवं लक्ष्य और साधन, दोनों समान महत्त्व के थे, इन्हें राजकाज की विवशताओं के अधीन नहीं किया जाना चाहिए। चारों ओर फैली हिंसा, रक्तपात, आगजनी और लूट से गांधी जी का दिल टूट गया था। वे विश्वास नहीं कर पा रहे थे कि उनका भारत, जिसकी स्वतंत्रता के लिए उन्होंने इतना संघर्ष किया, इतने नीचे भी गिर सकता है।

सरदार असमंजस में थे। एक ओर गांधी जी के प्रति उनकी निष्ठा थी और दूसरी ओर विस्फोटक स्थिति को नियंत्रित करने की आवश्यकता। आश्रम का प्रबन्ध करना एक बात है और राज चलाना दूसरी। महात्मा भी सहायक सिद्ध नहीं हो रहे थे, उनके निर्धारित मानदंडों का पालन सहज नहीं था। उदाहरण के लिए, गांधी जी के दबाव पर मंत्रिमंडल द्वारा पाकिस्तान को 55 करोड़ की बकाया राशि दिए जाने की सहमति से पटेल अप्रसन्न थे। पटेल को पूरा विश्वास था कि पाकिस्तान वह राशि भारत के हितों के विरुद्ध खर्च करेगा। महात्मा गांधी मानते थे कि दिए गए वचन का पालन होना ही चाहिए, भले ही वह कितना ही महँगा

क्यों न पड़े। नैतिकता बनिये की दुकान की चीज़ नहीं है, यह समाज का आधार है। इसी तरह सरदार 'उस बदमाश' शहीद सुहरावर्दी के साथ गांधी जी के सम्बन्धों को भी पसन्द नहीं करते थे—भले ही वे रिश्ते कलकत्ता में शान्ति एवं साम्प्रदायिक सौहार्द के लिए ही क्यों न हों। सुहरावर्दी जिन्ना की 'सीधी कार्रवाई' के आह्वान पर कलकत्ता में हुई हत्याओं के खलनायक थे।

इस तरह गुरु और शिष्य के बीच मतभेद की खाई चौड़ी होती गई। इसका असर उनके सम्बन्धों पर पड़ रहा था। नेहरू और आज़ाद भी संवेदनशील मामलों को निपटाने के पटेल के तरीके के आलोचक बनते जा रहे थे। न सरदार स्वयं अपने प्रति विश्वासघात कर सकते थे और न ही गांधी जी हिन्दू-मुस्लिम एकता के अपने जीवन भर के मिशन को त्याग सकते थे। विभाजन से उनके इस सोच पर कोई असर नहीं पड़ा था। गांधी घटनाक्रम से बुरी तरह दुखी थे, और निराश भी। यह देखकर कि मुसीबत में पड़े लोगों की वे कोई सहायता नहीं कर पा रहे, उन्होंने लोगों की चेतना जगाने के लिए आमरण अनशन का निर्णय कर लिया। इस उम्र में ऐसा कड़ा निर्णय न करने का आग्रह सबने उनसे किया, पर गांधी जी ने अपना निर्णय नहीं बदला। हालाँकि गांधी जी ने इस बात से इनकार किया था, पर पटेल को लगा कि यह कार्रवाई एक तरह से उनकी निन्दा है। उन्होंने गांधी जी से आग्रह किया कि वे उन्हें मंत्री-पद के दायित्व से मुक्त कर दें। गांधी जी को अपने एक पत्र में उन्होंने लिखा था, "आज सबेरे सात बजे मुझे काठियावाड़ जाना है। आपके उपवास के दौरान इस तरह जाना असहनीय पीड़ा दे रहा है। पर कर्तव्यपालन ने और कोई रास्ता नहीं छोड़ा है। कल आपकी व्यथा देखकर मुझे बहुत दुख हुआ था। तब से विचार-मंथन चल रहा है। काम का बोझ इतना ज्यादा हो गया है कि मैं उसके नीचे जैसे कुचल-सा गया है। मुझे लग रहा है कि इस तरह से न तो देश के कुछ काम आ पाऊँगा, न अपने। हो सकता है इससे देश को नुकसान ही हो। जवाहर के कन्धों पर मुझसे ज्यादा बोझ है। उसका दिल भी दुख से भरा हुआ है। सम्भव है उम्र ने मुझे थका दिया है और मैं एक साथी के रूप में उसके साथ खड़े होकर उसका बोझ कम करने लायक नहीं रहा हूँ। मौलाना (आज़ाद) भी मेरे काम से प्रसन्न नहीं हैं और आपको बार-बार मेरी ओर से सफाई देनी पड़ रही है। मैं यह भी नहीं सह

सकता। इन परिस्थितियों में शायद मेरे लिए और देश के लिए भी यही हितकर होगा कि आप मुझे हट जाने दें। मैं जो कर रहा हूँ, उसके अलावा और कुछ कर भी नहीं सकता। इसलिए यदि मैं अपने जीवन भर के साथियों पर बोझ बनता हूँ और आपके लिए वेदना का कारण, और फिर भी पद से चिपका रहता हूँ, तो इसका यही मतलब है—कम से कम मुझे यही लगता है कि सत्ता के लालच ने मुझे अन्धा बना दिया है और इसलिए मैं पद नहीं छोड़ना चाहता। मुझे इस असहनीय स्थिति से शीघ्रातिशीघ्र उबारिए। मैं जानता हूँ कि आप उपवास कर रहे हैं और यह समय बहस करने का नहीं है। पर चूँकि मैं आपका उपवास समाप्त कराने में भी कुछ सहायता नहीं कर सकता, मैं नहीं जानता, मैं और क्या कर सकता हूँ। इसलिए मेरी आपसे प्रार्थना है कि आप उपवास समाप्त करें और इस प्रश्न को जल्दी सुलझाएँ। सम्भव है, इससे वे कारण भी समाप्त हो जाएँ जिन्होंने आपको उपवास के लिए प्रेरित किया।''[5]

यद्यपि 6 जनवरी, 1948 को सरदार सौराष्ट्र के निर्धारित दौरे पर चले गए थे, पर उन्हें गांधी जी के स्वास्थ्य की भारी चिन्ता थी। दौरे का कार्यक्रम पूरा होने के बाद वे मुम्बई गए और वहाँ भी उन्होंने गांधी जी के प्रति अपनी अनुरक्ति को स्वर दिए। एक जनसभा में उन्होंने कहा कि भारत का सम्मान कम हुआ है; यह शर्म की बात है कि हिन्दू-मुस्लिम एकता के लिए गांधी जी को उपवास करना पड़ा। उन्होंने कहा, ''आपने अभी-अभी लोगों को यह नारा लगाते सुना कि मुसलमानों को भारत छोड़ देना चाहिए। ऐसा करने वालों को गुस्से ने पागल बना दिया है। एक पागल व्यक्ति गुस्से से पागल होने वाले की अपेक्षा कहीं बेहतर होता है।'' पागल व्यक्ति का तो इलाज हो सकता है, पर गुस्से से पागल होने वाला तो साक्षात् खतरा है—स्थिरता और शान्ति के लिए खतरा। उन्होंने कहा, ''मैं साफ बोलने वाला व्यक्ति हूँ। हिन्दुओं और मुसलमानों दोनों को खरी-खरी सुनाता हूँ।''[6] उन्हें यह समझना होगा कि गड़े मुर्दे उखाड़कर बदले की कार्रवाई करने का नतीजा उलटा ही होगा। इससे समाज और शासन दोनों का ताना-बाना कमज़ोर होगा।

गांधी जी पटेल की हो रही आलोचना से दुखी थे, विशेषकर इस बात से कि उनके उपवास को उनके निष्ठावान शिष्य के कार्य के प्रति उनकी अप्रसन्नता के

रूप में देखा जा रहा था। इसलिए, स्थिति को स्पष्ट करने के लिए उन्होंने एक वक्तव्य जारी किया : "(मेरे उपवास की) जो व्याख्या सुझाई जा रही है, वह बात मेरे मस्तिष्क में कभी आई भी नहीं। कई मुसलमान दोस्तों ने सरदार के तथाकथित मुसलमान-विरोधी व्यवहार की मुझसे शिकायत की है। मैंने अपनी पीड़ा दबाकर, बिना कुछ कहे, उनकी बात सुनी। उपवास ने मुझे स्व-आरोपित नियंत्रण से मुक्त कर दिया है और मैं आलोचकों को आश्वस्त कर पाया कि पटेल को पंडित नेहरू और मुझसे, जिसे उन्होंने अकारण आकाश में चढ़ा दिया है, पृथक् करके वे गलती कर रहे हैं। सरदार खरी-खरी बात करते हैं, इससे कभी-कभी अनचाहे चोट लग जाती है। हालाँकि उनका दिल इतना बड़ा है कि उसमें सब समा सकते हैं। मेरा यह वक्तव्य आजीवन निष्ठावान रहे एक साथी को अनुचित निन्दा से मुक्त करने के लिए है।"[7]

इससे पहले कि वे नेहरू और पटेल के मतभेदों को दूर कर पाते, गांधी जी की हत्या कर दी गई। इस घटना ने दोनों नेताओं को स्वतंत्र भारत की सबसे बड़ी विपत्ति से जूझने के लिए एक-दूसरे के निकट ला दिया। अब सरदार बहुत नरम हो चुके थे, उन्होंने निर्णय किया कि किसी मुद्दे पर उनके विचार भले ही कुछ भी हों, वे नेहरू का साथ देंगे। नेहरू नेता थे, अतः उनकी बात मानी जानी चाहिए—संकट और अनुशासन का तकाज़ा था कि पटेल यही करते। इसी का परिणाम था कि उन्होंने राष्ट्रीय स्वयंसेवक संघ पर प्रतिबन्ध लगाना स्वीकार कर लिया। संघ पर गांधी जी की हत्या के घृणित अपराध में सम्मिलित होने का आरोप लगाया जा रहा था। यह प्रतिबन्ध पटेल ने तभी हटाया जब गुरु गोलवलकर ने उन्हें यह लिखित वचन दिया कि अब उनका संगठन देश के कानून के अनुसार बनाए संविधान से संचालित होगा, स्वयं को संस्कृति के उन्नयन तक सीमित रखेगा, किसी भी तरह की हिंसा में हिस्सा नहीं लेगा, कोई गुप्त कार्रवाई नहीं करेगा, भारत के ध्वज का सम्मान करेगा, संविधान का पालन करेगा तथा जनतांत्रिक ढाँचे में पूरी पारदर्शिता के साथ काम करेगा।

नेहरू के प्रति पटेल की निष्ठा की सबसे बड़ी परीक्षा तब हुई थी जब पाकिस्तान ने हज़ारों हिन्दुओं को पूर्वी बंगाल से धकेला था। पाकिस्तान की इस कार्रवाई से सब चकित थे, सारा देश क्रुद्ध था। अब तक पूर्वी मोर्चा कुल

मिलाकर शान्तिपूर्ण था, साम्प्रदायिक प्रतिक्षेप से मुक्त था। पाकिस्तान सरकार के असहयोगी रवैये से सरदार बहुत परेशान थे, वह बातों और कार्यों दोनों से हिन्दुओं और मुसलमानों के आपसी सम्बन्धों को बिगाड़ने में तनिक भी नहीं हिचक रहा था। पाकिस्तान की घोषणाओं और कार्यों की भारत में प्रतिक्रिया होना स्वाभाविक था। दिसम्बर 1948 में जयपुर में हुए कांग्रेस के अधिवेशन में पटेल ने पाकिस्तान को चेतावनी दी कि यदि उसने हिन्दू शरणार्थियों को, विशेषकर पूर्वी पाकिस्तान से, भारत में भेजना रोका नहीं तो ''हमारे पास उतने ही मुसलमानों को भेजने के अलावा और कोई विकल्प नहीं बचेगा।''[8] यह एक तरह से पाकिस्तान को इस बात की चेतावनी थी कि वह सभ्य तरीके से पेश आए। पर पटेल के विरोधी उन पर टूट पड़े; एक बार फिर उन्हें भारतीय मुसलमानों का शत्रु कहकर उनकी आलोचना शुरू कर दी गई। अब तक नेहरू से पटेल के रिश्ते काफी सुधर चुके थे, उन्होंने तत्काल सरदार को समर्थन दिया। उन्होंने कहा कि उपप्रधानमंत्री का वक्तव्य पाकिस्तान के विरुद्ध था। उन्होंने पाकिस्तान से कहा था कि वह उस क्षेत्र में शान्तिपूर्ण एवं सौहार्दपूर्ण स्थितियाँ स्थापित करे, ताकि शरणार्थियों का आना रुक सके। यह भारतीय मुसलमानों को धमकी नहीं थी और इसे उनका इस रूप में देखना गलत होगा। पर उन्होंने निजी तौर पर सरदार से कहा कि इस तरह के वक्तव्यों से राष्ट्र में ही नहीं, अन्तरराष्ट्रीय क्षेत्र में भी गलतफहमी हो सकती है। फिर, यह बात व्यावहारिक भी नहीं थी। उन्होंने पटेल से पूछा, ''पूर्वी बंगाल भेजने के लिए मुसलमानों का चुनाव कैसे होगा, वे सब भारत के नागरिक हैं?''[9] इससे भारत में साम्प्रदायिक गड़बड़ी फैल जाएगी और बाहरी देश इसकी निन्दा करेंगे। पटेल को अपनी घोषणा के अविवेकपूर्ण होने का अहसास हुआ और उन्होंने स्पष्ट किया कि उन्होंने पाकिस्तान को चेतावनी दी थी कि वह वहाँ से धकेले गए हिन्दू शरणार्थियों को वापस ले ले अन्यथा उनसे कहीं अधिक संख्या में भारत से मुसलमानों को उसे स्वीकारना होगा।

बहरहाल, सरदार के कड़े रुख के फलस्वरूप अप्रैल 1950 के प्रथम सप्ताह में लियाक़त अली ख़ान दिल्ली पहुँचे और नेहरू-लियाक़त समझौते पर हस्ताक्षर हुए, जिसमें दोनों देशों में हिन्दुओं और मुसलमानों की समान नागरिकता की पुनर्पुष्टि की गई तथा अल्पसंख्यक आयोगों के गठन, दंगों के बेहतर नियंत्रण व

जाँच तथा अल्पसंख्यकों के अधिकारों व हितों को पूर्ण रक्षा जैसे अनेक संरक्षात्मक कदमों की गारंटी दी गई थी। पश्चिम बंगाल के हिन्दू इस समझौते से सन्तुष्ट नहीं थे और उनके असन्तोष ने गुस्से का रूप ले लिया था। नेहरू मंत्रिमंडल के दो सदस्यों, श्यामाप्रसाद मुखर्जी तथा के.सी. नियोगी ने त्यागपत्र दे दिया। पर पटेल ने नेहरू का साथ दिया, उन्होंने उद्वेलित सांसदों, विशेषकर पश्चिम बंगाल के सांसदों से कहा कि परिस्थितियों को देखते हुए यह सर्वश्रेष्ठ समझौता था और इसे उसी भावना से स्वीकार किया जाना चाहिए, जिस भावना से इस पर हस्ताक्षर हुए हैं। लियाक़त ने अपना वचन निभाया; तीन महीने के भीतर ही उन्होंने तीन लाख से अधिक हिन्दू शरणार्थियों को वापस ले लिया। नेहरू का सम्मान बढ़ गया; पटेल का विश्वास भी नहीं टूटा। बंगाल के दोनों हिस्सों में वातावरण पहले से बेहतर हो गया था। प्रारम्भ में विस्फोटक लगने वाली स्थिति को इस तरह बेहतर बनाने में नेहरू के जीवनीकारों ने भी सरदार के योगदान को सराहा है। प्रधानमंत्री ने स्वयं स्वीकार किया था कि एक विस्फोटक स्थिति को सँभालने में मुख्य भूमिका पटेल के हस्तक्षेप की रही।

विभाजन से पूर्व कांग्रेस व लीग के बीच विवादास्पद मुद्दों में से एक मुद्दा हिन्दी और उर्दू का विवाद था। लेकिन विभाजन के बाद उर्दू का पुराना महत्त्व नहीं रहा था, अतः यह विवाद दब गया था। हिन्दी भारत की राष्ट्रभाषा बनी और चूँकि पाकिस्तान ने उर्दू को अपनी राष्ट्रभाषा घोषित कर दिया था, अतः भारत में उर्दू के प्रति विद्वेष बढ़ गया। सूचना एवं प्रसारण मंत्रालय भी पटेल के अन्तर्गत था, अतः आकाशवाणी पर काम में लाई जाने वाली भाषा का दायित्व भी उन पर था। उन दिनों टेलीविजन नहीं था, अतः समाचारों एवं विचारों के प्रसारण का सर्वाधिक शक्तिशाली माध्यम रेडियो ही था। आकाशवाणी के कट्टरपंथियों ने उर्दू और हिन्दी की मिश्रण हिन्दुस्तानी के बजाय संस्कृत-बहुल शब्दों वाली हिन्दी अपनाने का निर्णय किया। इस तरह दो भगिनी-भाषाओं का सम्पर्क तोड़ने की कोशिश हुई। ज्यों ही सरदार को इस बात का पता चला, उन्होंने 14 दिसम्बर, 1949 को अपने साथी आर.आर. दिवाकर को पत्र लिखकर उर्दू के बारे में अपने विचार स्पष्ट किए। उन्होंने कहा कि आकाशवाणी द्वारा काम में लाई जाने वाली भाषा ऐसी होनी चाहिए जिसे सामान्य व्यक्ति समझ सके। निस्सन्देह यह भाषा

शुद्ध और साहित्यिक हिन्दी से भिन्न होनी भी ज़रूरी है। उन्होंने चेतावनी दी, ''आकाशवाणी न तो साहित्यिक क्लब है और न इसे कभी वैसा होना चाहिए। एक बार यदि यह क्लब जैसी कोई चीज़ बन गई तो यह विशिष्ट वर्ग तक सीमित हो जाएगी और एक राष्ट्रीय संस्थान नहीं रहेगी।'' उन्होंने पत्र में यह भी लिखा कि ''जो भी आकाशवाणी का मुखिया है, उसे व्यापक दृष्टि वाला होना चाहिए एवं उसका दृष्टिकोण भाषा, साहित्य, शब्दों के चयन एवं अभिव्यक्ति के रूप अथवा मुहावरे के चुनाव में अतिवादिता से मुक्त होना चाहिए।''[10] उन्होंने कहा कि आदर्श के रूप में गांधी जी के भाषण को सामने रखा जा सकता है।

फिर सरदार ने उर्दू की समस्या पर विचार प्रकट किए थे, जो उनके पूर्वग्रहों से मुक्त उदार दृष्टिकोण को उजागर करते हैं। उन्होंने जिस सहानुभूति एवं समझबूझ से अपनी बात कही, उससे यह आरोप गलत सिद्ध हो जाता है कि वे उर्दू को दबाना चाहते थे। उन्होंने लिखा, ''जहाँ तक उर्दू का प्रश्न है, मुझे इसे केवल क्षेत्रीय बना देने के औचित्य अथवा विवेक पर सन्देह है। हिन्दी की तरह ही उर्दू भी किसी एक क्षेत्र की नहीं हो सकती। इस भाषा को बोलने-समझने वाले किसी एक भौगोलिक क्षेत्र में सीमित नहीं हैं। इस दृष्टि से उर्दू अन्य क्षेत्रीय भाषाओं से भिन्न है।''[11] उन्होंने अपने सहयोगी को याद दिलाया कि पूर्वी पंजाब, यू.पी. और बिहार में ऐसे क्षेत्र हैं जहाँ उर्दू बोलने वाले बड़ी संख्या में रहते हैं। इसलिए उन्होंने आर.आर. दिवाकर को सलाह दी कि ''आप उर्दू को किसी एक क्षेत्र-विशेष तक सीमित नहीं कर सकते, हाँ, आप यह ज़रूर कर सकते हैं कि यह भाषा उत्तर भारत के बड़े हिस्से में बोली जाती है। यदि आप इस तथ्य को स्वीकार करते हैं, मैं सोचता हूँ आपको स्वीकार करना ही चाहिए, तो मैं समझता हूँ हमारे लिए यह सम्भव नहीं होगा कि हम, कम से कम कुछ समय के लिए, उर्दू के साथ मात्र एक क्षेत्र-विशेष की भाषा के रूप में व्यवहार करें और इसे आकाशवाणी के किसी केन्द्र की मुख्य भाषा अथवा मुख्य सहायक भाषा मानें।''[12] उन्होंने कहा कि उर्दू को कुछ प्रान्तों में आकाशवाणी के केन्द्रों की एक मुख्य भाषा के रूप में स्वीकार किया जाना चाहिए, ''पर मैं समझता हूँ कि यदि हमें आकाशवाणी को मुसलमानों व शरणार्थियों में धर्मनिरपेक्ष राज्य व संस्कृति के आदर्शों के प्रचार एवं संवर्धन को सशक्त व प्रभावकारी माध्यम

बनाना है तो कुछ समय के लिए हमें दिल्ली के आकाशवाणी कार्यक्रमों के एक हिस्से को उर्दू में करना चाहिए।''[13]

पटेल ने प्रकाशन विभाग को, जो कि उनके अधीन था, प्रथम श्रेणी की उर्दू पत्रिका निकालने का निर्देश दिया जो पाकिस्तान की सर्वश्रेष्ठ पत्रिका के समकक्ष हो। इस तरह जन्म हुआ था उर्दू मासिक 'आजकल' का जिसने अपने पहले अंक से ही उर्दू पत्रकारिता में अपना अद्वितीय स्थान बना लिया। इसका श्रेय उर्दू के प्रख्यात शायर जोश मलीहाबादी को दिया जाना चाहिए, जिन्हें इस पत्रिका का प्रथम सम्पादक नियुक्त किया गया था। पर उनकी नियुक्ति के प्रस्ताव ने अधिकारियों के बीच काफी विवाद खड़ा कर दिया था। उनका नाम पटेल को यू.पी. की तत्कालीन राज्यपाल सरोजिनी नायडू ने सुझाया था। पटेल के निजी सचिव वी. शंकर भी उर्दू के अच्छे ज्ञाता थे। उन्होंने भी इस नाम का अनुमोदन किया। पर इस नाम का संगठित विरोध भी काफी था। यह आरोप लगाया गया कि राष्ट्रवादी के चोगे में जोश वस्तुतः कम्युनिस्ट हैं। यह सब जानते थे कि पटेल को कम्युनिस्टों से एलर्जी थी। जोश के ख़िलाफ़ यह शिकायत भी थी कि उन्हें शराब का बहुत शौक है। दूसरी ओर थी जोश की राष्ट्रवादी पृष्ठभूमि, राष्ट्रीय विचारों से ओत-प्रोत उनकी कविताएँ। उनकी रचनाओं में अंग्रेज़ों के ख़िलाफ़ विद्रोह की आग थी। इसीलिए उन्हें 'विद्रोह का शायर' कहा जाता था।

सरदार ने शंकर से जोश की कुछ रचनाएँ सुनाने के लिए कहा और उन्हें सुनकर वे इतने प्रभावित हुए कि उन्होंने उसी वक़्त जोश की नियुक्ति का आदेश दे दिया। पर विभाग के सचिव एन.सी. मेहता इस आदेश को महीनों तक दबाए रहे। एक दिन सरदार ने अचानक शंकर से पूछा कि जोश ने पत्रिका का काम शुरू कर दिया है या नहीं। जाँच करने पर पता चला कि मेहता ने आदेश ही जारी नहीं किए थे। पटेल गुस्से से लाल-पीले हो गए और उन्होंने मेहता को फटकारा भी। कोई अफसरशाह पटेल के आदेशों की अवहेलना नहीं कर सकता था। मेहता ने ऐसा किया और उन्हें इसका फल भुगतना पड़ा। जोश को नौकरी मिल गई और मेहता को अपना पद छोड़ना पड़ा। उन्हें शीघ्र ही सुदूर हिमाचल प्रदेश का चीफ कमिश्नर बनाकर भेज दिया गया। जोश आभार व्यक्त करने सरदार के पास गए तो उपप्रधानमंत्री ने उन्हें बताया कि उनकी राष्ट्रवादी भावनाओं के वे कितने

प्रशंसक हैं। उन्होंने जोश को आश्वासन दिया कि सरकार उर्दू को हर सहायता प्रदान करेगी। उन्होंने कहा कि पत्रिका में स्वतंत्रता की नई लहर प्रतिबिम्बित होनी चाहिए। पत्रिका की सामग्री साम्प्रदायिक एकता को मज़बूत बनाने वाली, हिन्दी व उर्दू के सम्बन्धों को दृढ़ करने वाली एवं उच्च साहित्यिक स्तर की होनी चाहिए, जोश पटेल की बात को कभी नहीं भूले। उन्होंने पत्रिका को स्तरीय बनाए रखने के लिए हर सम्भव प्रयास किया और उसे सर्वाधिक महत्त्वपूर्ण पत्रिकाओं में स्थान दिलाया।

जोश ने लगभग एक दशक तक 'आजकल' निकाला। उन्हें पारिश्रमिक भी अच्छा-खासा मिलता था और वे प्रसन्न भी थे। फिर अचानक ही अपने मित्रों व सहयोगियों को आश्चर्य में डालते हुए वे पाकिस्तान चले गए। उनके एक प्रशंसक सिकंदर मिर्ज़ा तब पाकिस्तान के मुख्य मार्शल लॉ प्रशासक थे। उन्होंने जोश को आर्थिक लाभ का लालच दिया। चाँदी के चंद टुकड़ों के लिए बहुप्रशंसित और बहुतों का प्यारा भारतीय मुसलमान अपना वतन छोड़ गया। जोश ने साम्प्रदायिक सद्भाव को चोट पहुँचाई थी। उनके इस अविवेकपूर्ण कृत्य ने हिन्दुओं में भारतीय मुसलमानों के प्रति पुराना सन्देह फिर से जगा दिया। मिर्ज़ा के पतन के बाद पाकिस्तान में जोश को गद्दार कहकर सार्वजनिक रूप से दुतकारा गया। कई बार उन्होंने भारत लौटने की कोशिश की। 23 अप्रैल, 1961 को 'टाइम्स ऑफ इंडिया' में प्रकाशित अपने स्तम्भ 'एशियन नोटबुक' में मैंने टिप्पणी की थी, "जोश ने हमारे राष्ट्रीय संघर्ष में गीत गाए थे, हमारे प्रधानमंत्री ने उन्हें अपना मित्र बनाया और स्वतंत्रता-प्राप्ति के बाद उन्हें सरकारी पत्रिका 'आजकल' का सम्पादक बनाकर पुरस्कृत किया गया, हमारी क्रान्ति का शायर कहकर सब जगह उन्हें सराहा गया, 'पद्म भूषण' से उनकी प्रतिभा को सम्मानित किया गया। पर, ये सब भोगते हुए—अपनी पिछली सेवाओं के लिए जिसके वे पूरे अधिकारी थे—वे पाकिस्तान की तत्कालीन सरकार के लुभावने प्रस्तावों के लालच में आ गए और एक सुबह चुपचाप उस 'पाक धरती' की ओर भाग गए जिसकी वे अक्सर निन्दा किया करते थे। वे तत्कालीन गवर्नर जनरल सिकंदर मिर्ज़ा के मित्र थे, इसलिए उन्हें कराची में रिक्शा चलाने के लाइसेंस मिले, कुछ सिनेमाघरों में हिस्सेदारी मिली, और शासकों की प्रशस्ति में कशीदे

काढ़ने के लिए अच्छी-खासी रकम मिली। पर जोश का दुर्भाग्य था कि वह शासक-वर्ग बहुत दिनों तक नहीं रह पाया। यही नहीं, पाकिस्तानी जनता ने भी उन्हें कभी अपना स्वीकार नहीं किया। अपनी भूल का अहसास उन्हें हुआ और उन्होंने भारत लौटने की कोशिश भी की, पर स्वर्गीय मौलाना आज़ाद अड़ गए थे; वे एक ही शर्त पर ज़ोश के भारत लौटने पर सहमत थे कि लौटने पर उन्हें जेल में रखा जाए।''

और इस तरह जोश पाकिस्तान में बहुत दयनीय स्थिति में जिये। अधिकांश समय वे नशे में धुत्त रहते थे और जब वे मरे तो कोई सम्मान या कोई प्रशस्ति उनके हिस्से नहीं आई। सरदार को उनके व्यवहार से कहीं अधिक धक्का पहुँचा। उस धरती के प्रति जोश की गद्दारी को सरदार कभी क्षमा नहीं करते, जिसने उन्हें इतना कुछ दिया था।

छठा अध्याय

दृढ़ीकरण की प्रक्रिया

सत्ता-हस्तांतरण के समय मुसलमान नवाबों के व्यवहार ने भी भारतीय मुसलमानों की निष्ठा के बारे में सन्देह बढ़ाने का काम किया था। उनके सत्ता के पापों के साये उनके सहधर्मियों पर पड़ रहे थे। नवाबों द्वारा शासित राज्यों की अधिसंख्य आबादी हिन्दू थी और वे चारों ओर से भारतीय क्षेत्र से घिरे हुए थे : अंग्रेज़ों का आधिपत्य समाप्त होने के बाद इन राज्यों के शासकों ने यों तो स्वतंत्र होने के सपने देखना शुरू कर दिया या फिर मुसलमान होने के नाते पाकिस्तान के साथ जुड़ने की बात सोचने लगे थे। झूठे आश्वासन देकर जिन्ना ने भी उन्हें गुमराह किया। मुसलमान शासकों में रामपुर और पालनपुर के नवाब ही प्रमुख अपवाद थे। जिन्होंने बिना किसी हिचकिचाहट और शर्त के नए भारतीय राज्य में सम्मिलित होने की घोषणा की थी। मंगरोल एक और ऐसा राज्य था जो प्रारम्भ में तो थोड़ा डाँवाँडोल रहा, पर फिर पटेल के हस्तक्षेप के बाद उसने तत्काल अपना रुख बदल लिया। इसी तरह टोंक के नवाब पर भी स्थानीय लीगी नेताओं का लगातार दबाव था कि वह पाकिस्तान में शामिल हो जाए, पर पटेल ने जूनागढ़ के नवाब द्वारा उसके ख़िलाफ़ बिछाए गए जाल में फँसने से उसे बचा लिया।

देश के लगभग एक-तिहाई हिस्से में फैली 562 छोटी-बड़ी रियासतों का भारतीय संघ में एकीकरण सचमुच बहुत बड़ा काम था। यह चमत्कार करके सरदार ने अपने लिए 'भारतीय बिस्मार्क' की उपाधि अर्जित की थी। सरदार ने यह चमत्कार कैसे किया, हम यहाँ उसका विवरण नहीं देंगे, यह बात इस विषय की सीमाओं में आती भी नहीं है। हम यहाँ अधिक महत्त्वपूर्ण मुसलमान शासकों

से सरदार के मुकाबले और उन्हें अपनी राह पर लाने के उनके तरीके तक ही सीमित रहेंगे। कश्मीर इसमें शामिल नहीं है, क्योंकि इस राज्य की सीमा-दायित्व सरकार का नहीं था और आज भी कश्मीर का प्रश्न हमारी राजनीति का ऐसा घाव बना हुआ है, जिसमें मवाद पड़ चुकी है। राजाओं से बातचीत करने में सरदार ने उत्कृष्ट कौशल एवं योग्यता का परिचय दिया था। वे उनके प्रति उदार ही नहीं रहे, बल्कि उन्हें स्वतंत्र भारत में सम्मानपूर्ण स्थान भी दिया। राष्ट्र के एकीकरण के इस काम में पटेल ने फूँक-फूँककर कदम रखा था—पहले उन्होंने राजाओं का विश्वास जीता और फिर उनसे सौदा किया। उन्होंने राजाओं को आश्वासन दिया कि वे 'पारस्परिक हितों वाली ऐसी धरोहर' चाहते हैं, "जो इस पवित्र भूमि को दुनिया के देशों के बीच उपयुक्त स्थान दिलाए और इसे शान्ति एवं समृद्धि का घर बना दे।"[1]

मुसलमान शासकों के व्यवहार पर विचार करने से पूर्व यह स्पष्ट हो जाना चाहिए कि बहुत से हिन्दू शासक भी उनसे बेहतर नहीं थे। कुछ मामलों में तो वे उनसे भी बुरे थे। त्रावणकोर राज्य इसका उदाहरण है। इस तटीय राज्य ने स्वतंत्रता की घोषणा कर दी थी और कई अन्य हिन्दू रियासतें भी ऐसा ही सोच रही थीं। दुर्भाग्यवश, कुछ मुसलमान राजाओं ने पाकिस्तान के साथ जुड़ने अथवा उसकी सहायता लेने का प्रयास किया, जिससे मूलतः एक सामंती विवाद साम्प्रदायिकता के रंग में रँग गया। भोपाल के नवाब हमीदुल्लाह ख़ान के नेहरू, गांधी जी और जिन्ना तीनों से अच्छे सम्बन्ध थे। उनकी भूमिका ने भारतीय मुसलमानों को बहुत नुकसान पहुँचाया। ब्रिटिश भारत के दिनों में भोपाल के नवाब ने कुछ समय तक राजनीति में हिस्सा लिया था। अन्तरिम सरकार के गठन के समय वे गांधी जी से एक वक्तव्य दिलवाने में सफल हो गए थे, जिसमें कहा गया था कि लीग "भारत के बहुसंख्यक मुसलमानों की आधिकारिक प्रतिनिधित्व करती है और इस नाते जनतांत्रिक सिद्धान्तों के अनुसार उसे भारत के मुसलमानों का प्रतिनिधित्व करने का असंदिग्ध अधिकार है।"[2] लेकिन, यह भी कहा गया कि "कांग्रेस अपनी पसन्द के प्रतिनिधियों के चयन में किसी प्रकार के प्रतिबन्ध या सीमा को स्वीकर नहीं कर सकती।" साथ ही यह भी स्पष्ट कर दिया गया था कि अन्तरिम सरकार के सभी मंत्री एक दल के रूप में पूरे भारत के हित में

काम करेंगे और कभी भी (अंग्रेज़ों से) मध्यस्थता का आग्रह नहीं करेंगे।''[3] जिन्ना ने इन सब बातों को स्वीकार किया था। इस तरह अन्तरिम सरकार में लीग के प्रतिनिधियों के प्रवेश का रास्ता तो बन गया, पर दुर्भाग्यवश लीग के मंत्रियों ने एक दल के रूप में मिल-जुलकर काम करने के हर मानदंड का पूरी तरह उल्लंघन किया। प्रारम्भ में नवाब की भूमिका की काफी प्रशंसा हुई थी, पर जिन्ना को सन्देह था कि नवाब की महत्त्वाकांक्षाएँ बहुत अधिक हैं और वे अपने लिए कहीं बड़ी भूमिका चाहते हैं, तो उन्होंने नवाब के साथ कपट करके नवाब की भूमिका को सन्देह के धेरे में ला दिया। जिन्ना ने कभी किसी विरोधी को सहा नहीं। उन्हें नवाब पर सन्देह था और कांग्रेस भी नवाब पर विश्वास नहीं करती थी, क्योंकि उसे लगता था कि वे जिन्ना के हाथ में खेल रहे हैं। लीग के मंत्रियों ने मंत्रिमंडल के अपने कांग्रेसी सहयोगियों से जानबूझकर असहयोग किया और अक्सर एक दल के रूप में काम करने के बजाय काम में बाधाएँ डालने के तरीके अपनाए। यही नहीं, चैम्बर ऑफ प्रिंसेस के चांसलर के रूप में भी भोपाल के नवाब ने भारत के प्रति उचित व्यवहार नहीं किया। कांग्रेस द्वारा बुलाई गई संविधान सभा की बैठक का लीग ने बहिष्कार किया था—भोपाल के नवाब ने अपने पद का दुरुपयोग करते हुए राजाओं को संविधान सभा में अपने प्रतिनिधि न भेजने के लिए प्रेरित किया। इससे नेहरू बहुत क्रुद्ध हुए थे और उन्होंने घोषणा की कि किसी भी राजा द्वारा संविधान सभा में भाग न लेने को कांग्रेस शत्रुतापूर्ण व्यवहार मानेगी। इस पर बहुत से प्रमुख महाराजाओं एवं कुछ नवाबों ने भी तत्काल अपने प्रतिनिधि भेज दिए, पर भोपाल के नवाब तथा कुछ अन्य भाग न लेने के अपने रुख पर अड़े रहे। लियाक़त अली ख़ान व लीग ने उनके इस रुख का समर्थन किया था, पर इसने भोपाल के नवाब को अधिसंख्य हिन्दू शासकों से अलग-थलग कर दिया। नेहरू और पटेल के मन में भी नवाब के इस कृत्य से सन्देह के बीज पड़ गए। जैसा कि एक उर्दू शायर ने कहा है :

न खुदा ही मिला, न विसाले सनम
न इधर के रहे, न उधर के रहे।

इस बीच 15 अगस्त, 1947 को भारत और पाकिस्तान के दो नए राष्ट्रों के

रूप में स्थापित होने के बाद अंग्रेज़ों ने ब्रिटिश शासन की समाप्ति की घोषणा कर दी। परिणामस्वरूप भोपाल के नवाब ने चैम्बर ऑफ प्रिंसेस को, जिस पर उनका प्रभुत्व समाप्त हो गया था, अधिकृत रूप से कार्यरत घोषित कर दिया। इससे एकता तो छिन्न-भिन्न हुई ही, सरदार की समस्याएँ भी बढ़ गईं। 25 जुलाई, 1947 को माउंटबेटन ने राजाओं की बैठक बुलाई थी, पर भोपाल के नवाब उसमें भी सम्मिलित नहीं हुए। उन्होंने व्यंग्यपूर्वक कहा था कि यह तो घोंघों को ''दरियाई घोड़े और कठफोड़वे के साथ चाय पीने का निमंत्रण देने जैसा है।'' वायसराय भोपाल के नवाब के मित्र थे, उन्होंने नवाब को सलाह दी कि वे भी अन्य राजाओं की तरह व्यवहार करें। पहले तो नवाब ने थोड़ी हिचकिचाहट दिखाई, कुछ सौदेबाजी की भी कोशिश की, पर अन्ततः मान गए और भारत में विलय के दस्तावेज़ों पर उन्होंने हस्ताक्षर कर दिए। सरदार के नाम एक व्यक्तिगत पत्र में नवाब ने लिखा, ''मैं इस तथ्य को छिपाना नहीं चाहता कि संघर्ष के दौरान मैंने अपनी रियासत की स्वतंत्रता व तटस्थता बनाए रखने के लिए वह सब कुछ किया था, जो मेरे बस में था। अब जबकि मैंने पराजय स्वीकार कर ली है, मुझे उम्मीद है कि आप पाएँगे कि मैं उतना ही पक्का मित्र हो सकता हूँ जितना पक्का विरोधी था। आपकी ओर से मुझे हमेशा सम्मान मिला है और मेरे साथ विनम्रतापूर्वक व्यवहार किया गया है, इसलिए किसी के बारे में मेरे मन में कोई द्वेष नहीं है। मैं आपको कहना चाहता हूँ कि जब तक देश की विघटनकारी शक्तियों के विरुद्ध आप अपना वर्तमान कड़ा रुख बनाए रखेंगे एवं राज्यों के ही मित्र बने रहेंगे, जैसे आप हैं, मैं आपका निष्ठावान एवं विश्वस्त साथी बना रहूँगा।''[4]

सरदार पटेल ने नवाब की भावनाओं का जिस तरह से उत्तर दिया, वह उनकी उदारता का परिचायक है : ''स्पष्ट बात तो यह है कि आपकी रियासत के भारतीय राष्ट्र में विलय को मैं न अपनी जीत मानता हूँ और न ही आपकी हार। अन्ततः विजय न्याय एवं उपयुक्तता की हुई है और इस विजय में मैंने और आपने अपनी-अपनी भूमिका ही निभाई है। स्थिति की महत्ता को समझने और ईमानदारी तथा साहस के साथ अपने पुराने रुख को बदलने के लिए आप श्रेय के पात्र हैं। हमारा यह मानना है कि आपका पिछला रुख भारत तथा आपको अपनी रियासत दोनों के हितों के प्रतिकूल था। मुझे आपके इस आश्वासन से विशेष प्रसन्नता

हुई है कि देश के गद्दारों से, चाहे वे किसी भी जाति या धर्म के हों, निपटने में आप भारतीय राष्ट्र का साथ देंगे। निष्ठापूर्ण मैत्री के आपके प्रस्ताव का भी मैं स्वागत करता हूँ। पिछले कुछ महीनों में मेरे लिए यह बहुत निराशा और दुख की बात रही कि आपकी असंदिग्ध योग्यता एवं प्रतिभा नाजुक समय में देश को उपलब्ध नहीं थी, इसलिए सहयोग व मैत्री का आपका आश्वासन मेरे लिए और अधिक महत्त्वपूर्ण हो गया है।''[5]

इससे अधिक उदार कोई नहीं हो सकता था। पचास के दशक में जब मैं नवाब का कानूनी सलाहकार था, उन्होंने मुझे कहा था कि सरदार में उन्होंने साम्प्रदायिक पूर्वग्रह का लेशमात्र भी नहीं देखा। नवाब की बेटी साजिदा का विवाह पटौदी के नवाब से हुआ था। वे अपने बच्चों के साथ पति के पास रहना चाहती थीं, पर पटौदी में उन दिनों स्थिति अच्छी नहीं थी। तब सरदार साजिदा को अपने विशेष विमान से पटौदी ले गए थे और उन्होंने उनकी विशेष सुरक्षा के निर्देश दिए थे। सरदार के इस काम से नवाब अभिभूत थे, और उन्होंने पटेल को 'अन्त:करण से धन्यवाद' दिया था। पटौदी–यात्रा के बाद सरदार ने नवाब को तार भेजकर सूचित किया था कि ''पटौदी में स्थिति नियंत्रण में है और आपको चिन्ता करने की आवश्यकता नहीं है।'' उन्होंने नवाब को यह भी सूचित किया कि उनके दामाद ने ''कुछ माँगें रखी हैं...मैं उन पर पूरा ध्यान दूँगा।'' भोपाल के नवाब के बदले हुए रुख ने अन्य मुसलमान राजाओं पर भी अनुकूल प्रभाव डाला तथा जूनागढ़, हैदराबाद एवं काठियावाड़ की दो छोटी रियासतों के अतिरिक्त शेष सबने भारत में विलय स्वीकार कर लिया।

जूनागढ़ के नवाब कुछ सनकी किस्म के थे। यह जानते हुए भी कि उनकी प्रजा में 20 प्रतिशत से अधिक हिन्दू हैं एवं उनकी रियासत भारत एवं पड़ोसी हिन्दू रियासतों से घिरी हुई है, उन्होंने पाकिस्तान में विलय की घोषणा कर दी। आश्चर्य की बात तो यह है कि ऐसा उन्होंने जिन्ना के उकसाने पर किया, जबकि जिन्ना इस तरह के विलय के नैतिक एवं कानूनी बेतुकेपन से अच्छी तरह परिचित थे। कुछ सप्ताह तक तो तनाव बना रहा, पर अन्ततः जूनागढ़ भारत का हिस्सा बन गया। पाकिस्तान की भूतपूर्व प्रधानमंत्री बेनजीर भुट्टो के दादा सर शाहनवाज भुट्टो तब जूनागढ़ के दीवान थे। उन्होंने रियासत को भारत से पृथक् रखने की

बहुत कोशिश की, पर वे इसमें बुरी तरह असफल रहे। 27 अक्टूबर, 1947 को जिन्ना को लिखे एक पत्र में उन्होंने अपनी पीड़ा इस तरह व्यक्त की थी : "राजस्व के हमारे प्रमुख स्रोत, रेलवे व चुंगी, सूख गए हैं। हालाँकि पाकिस्तान ने उदारतापूर्वक खाद्यान्न दिया है, पर इसके बावजूद खाद्य-स्थिति शर्मनाक है। काठियावाड़ रेलवे लाइन पर यात्रा करने वाले मुसलमानों के साथ बहुत कड़ा व्यवहार किया जा रहा है और उन्हें बुरी तरह से परेशान और अपमानित होना पड़ रहा है। इसके साथ ही नवाब साहब एवं शाही परिवार को यहाँ से जाना पड़ा है क्योंकि हमारे खुफिया विभाग ने कहा था कि उनके यहाँ रहने के गम्भीर परिणाम हो सकते हैं, उनकी सुरक्षा को खतरा है। हालाँकि विलय के तत्काल बाद हमें मुख्यत: मुसलमानों के हज़ारों सन्देश मिले थे, जिनमें हमें निर्णय के लिए बधाई दी गई थी, पर आज हमारे भाई-बन्धु हमसे उदासीन हो गए हैं। काठियावाड़ के मुसलमानों में पाकिस्तान के प्रति सारा उत्साह भंग हो गया लगता है।"[6]

इसलिए भुट्टो ने जिन्ना को सुझाव दिया कि "और रक्तपात, मुसीबतों तथा निष्ठावान नागरिकों को उत्पीड़न से बचाने के लिए" भारत व पाकिस्तान की सरकारों को चाहिए कि विलय के प्रश्न को शान्तिपूर्ण ढंग से सुलझा लें। अपने परिवार एवं अपने कुत्तों को साथ लेकर नवाब पहले ही भाग चुके थे। नवाब को अपने कुत्ते अपनी बेगमों से भी ज्यादा प्यारे थे—एक बेगम को वे इसलिए छोड़कर चले गए थे कि वह विमान उड़ने के समय तक पहुँच नहीं पाई थी। वे इतने घबराए हुए थे कि उन्होंने बेगम का इन्तज़ार करने से इनकार कर दिया। बाद में 20 फरवरी, 1948 को जनमत संग्रह करवाकर जूनागढ़ के भारत में विलय पर जनता की मुहर लगा दी गई। जूनागढ़-यात्रा के दौरान सरदार ने घोषणा की कि महमूद गजनवी द्वारा तोड़े गए सोमनाथ के मन्दिर का फिर से निर्माण कर उसे पुराना गौरव प्रदान किया जाएगा।[7]

सबसे बड़ी रियासत हैदराबाद थी, जिसकी लगभग अस्सी प्रतिशत आबादी हिन्दू थी। निज़ाम के शासन वाली यह रियासत सरदार की सबसे उलझी हुई समस्या भी थी। टालमटोल की निज़ाम की नीति ने हिन्दू-मुस्लिम सम्बन्धों को और विषाक्त बना दिया था और उधर 'हिन्दू ब्रिगेड के पंजे से' राज्य को बचाने का दावा करने वाले कासिम रज़वी ने भड़काने वाले और गाली-गलौज से भरे

भाषणों से वातावरण को और विषाक्त बना दिया था। अपने आग उगलने वाले भाषणों के कारण वह मुसलमानों का मसीहा-सा बन गया था। वह सारे राज्य में गर्व से इस तरह डींग हाँकता फिरता था कि निज़ाम तक को उससे डर लगता था। सरदार द्वारा भारत सरकार के प्रतिनिधि के रूप में के.एम. मुंशी को हैदराबाद भेजा गया था। रज़वी के कारनामों का सटीक वर्णन श्री मुंशी ने अपनी पुस्तक 'दि एंड ऑफ एन इरा' में किया है : ''यद्यपि रज़वी धर्मांध था, पर वह बहुत ही चालाक और अथक परिश्रम करने वाला कार्यकर्ता था। वह लोगों को प्रेरित भी कर सकता था और आतंकित भी, और आवश्यकता पड़ने पर वह मुस्करा सकता था, मजाक कर सकता था। और अपने व्यक्तित्व से लोगों को अपने आकर्षण में बाँध भी सकता था।''[8] सबसे पहला काम जो रज़वी ने किया वह एक कुशल प्रशासक व उदार मुसलमान सर मिर्ज़ा इस्माइल को प्रधानमंत्री पद से हटवाने के लिए निज़ाम पर दबाव डालने का था—इस कार्य में वह सफल भी हुआ। मिर्ज़ा के स्थान पर छतारी के नवाब को प्रधानमंत्री बनाया गया, पर वह बहुत कमज़ोर प्रमाणित हुए। उनकी कुछ नहीं चलती थी—रज़वी से तो वे भयभीत रहते थे। उन्हें पता था कि हिन्दुओं के विरुद्ध चलाए जा रहे रज़वी के अभियान के हैदराबाद के भविष्य के लिए भयंकर परिणाम होंगे। उन्होंने जिन्ना से पूछा था कि यदि भारत ने हैदराबाद पर आक्रमण किया तो क्या पाकिस्तान उसकी सहायता के लिए आएगा? जिन्ना ने दो-टूक जवाब दिया था, ''नहीं।'' भविष्य को अन्धकारमय जानकर छतारी के नवाब ने हैदराबाद छोड़ दिया।

सत्ता के गलियारों में आग उगलती आँखों वाला रज़वी निज़ाम को लगातार धोखा देता रहा। उसने निज़ाम को यह विश्वास दिला दिया था कि खुदा ने उसे निज़ाम व उनके राज्य की रक्षा के लिए भेजा है। उसने कहा था, ''वह दिन दूर नहीं है जब बंगाल की खाड़ी की लहरें हमारे राज्य के पैर चूमेंगी।'' उसने निज़ाम से यह भी कहा था कि इस्लाम का हरा झंडा एक बार फिर लाल किले पर फहरेगा। ब्रिटेन के सर्वश्रेष्ठ माने जाने वाले वकीलों में से एक वाल्टर मोंकटोन को निज़ाम ने अपना वकील बनाया था। माउंटबेटन की मदद से मोंकटोन भारत सरकार के साथ निज़ाम का सौदा करवाने में लगभग सफल हो गया था, पर रज़वी के तौर-तरीकों एवं उसके द्वारा आतंकित निज़ाम के मंत्रियों के कारण वह

इतना निराश हो गया कि निज़ाम की वकालत बीच में ही छोड़कर लंदन लौट गया। निज़ाम परस्पर-विरोधी दबावों में फँस गए। कोई निर्णय लेने की न उनमें समझ थी, न इच्छा। वे बार-बार अपना रुख बदलते रहे। एक दिन वे मुकाबले की बात करते थे, दूसरे दिन समझौते की। छतारी के नवाब ने उन्हें पहले ही चेतावनी दे दी थी कि पाकिस्तान या ब्रिटेन में से कोई भी उनकी सहायता के लिए नहीं आएगा। तब वे भारत से समझौते की तरफ झुके। पर इस बात की भनक पड़ते ही रज़वी ने ऐसा बावेला मचा दिया कि निज़ाम को घबराकर अपनी बात वापस लेनी पड़ी। एक बार तो रज़वी के तौर-तरीकों से परेशान होकर निज़ाम अपना आपा खो बैठे थे और उन्होंने अपने सलाहकारों को 'उस काले कपड़ों वाले पागल' को रोकने के निर्देश दे दिए थे। पर यह क्षणिक आवेश था। रज़वी की चीख-चिल्लाहट और गर्जना से डरकर नवाब ने उसके सामने घुटने टेक दिए। रज़वी पर कोई लगाम नहीं लगा पाया। उसके भाषणों में हिन्दुओं व भारत के ख़िलाफ़ ज़हर के अतिरिक्त और कुछ नहीं होता था। उसे इस बात का पूरा भरोसा था कि भारतीय मुसलमान एक होकर निज़ाम के साथ खड़े हो जाएँगे।

हैदराबाद के बाहर के मुसलमानों से रज़वी पूरी तरह कटा हुआ था, पर उसे विश्वास था कि भारतीय मुसलमान उसे अपना रक्षक मान लेंगे। वास्तविकता यह थी कि वे रज़वी को कोस रहे थे, क्योंकि वह अपने ज़हर-भरे भाषणों से हिन्दुओं के मन में मुसलमानों के प्रति विद्वेष ही बढ़ा रहा था। सारे देश के उर्दू अखबारों ने रज़वी की गतिविधियों की तीव्र निन्दा की थी। हैदराबाद में भी बहुत से मुसलमान परिवार उसकी हरकतों से परेशान थे और प्रार्थना कर रहे थे कि भारत के साथ कोई शान्तिपूर्ण समझौता हो जाए, पर रज़वी तो अपनी ही दुनिया में जी रहा था जिसका वास्तविकता से कोई नाता नहीं था। रज़ाकार कहलाने वाले उसके अनुयायी निर्दोष हिन्दुओं को परेशान कर रहे थे; उसका संगठन इत्तिहादुल मुस्लमीन राज कर रहा था। 31 मार्च, 1948 को उसने भारत से लड़ने के लिए हथियार एकत्र करने के उद्‌देश्य से 'शस्त्र सप्ताह' मनाया। लंदन के 'दि टाइम्स' अखबार में छपा उसका भाषण घृणा और ज़हर से भरा हुआ था। भारत के विरुद्ध युद्ध की घोषणा करते हुए रज़वी ने भारतीय मुसलमानों का आह्वान किया कि वे

उसके 'पाँचवें दस्ते' की तरह काम करें। उसने उनसे अपने उन अनुयायियों के उदाहरण से प्रेरणा लेने के लिए कहा जिनकी 'अजेय वीरता और साहसिक दृष्टि' उनकी मार्गदर्शक होनी चाहिए। उसने कहा, "आज मैं यहाँ हूँ, शायद कल न रहूँ। पर मेरे भाइयो, मैं आपको भरोसा दिला सकता हूँ कि यदि आप कासिम रज़वी को ज़िन्दगी और मौत की इस लड़ाई में देखना चाहते हैं, तो बंजारा के महलों या चाय पार्टियों में नहीं, लड़ाई के मैदान में देखिए।"[7] 'पुलिस एक्शन' के बाद जब भारतीय सेना ने हैदराबाद में प्रवेश किया तो उसे किसी प्रकार के प्रतिरोध का सामना नहीं करना पड़ा। रज़वी की डींगों में सिर्फ शोर था, ज़ोर नहीं। वह पाकिस्तान भाग गया, जहाँ, उसकी मृत्यु के बारे में न किसी को पता चला, न किसी ने कोई आँसू बहाया। पीछे रह जाने वाले उसके अनुयायियों को उसके पागलपन का फल भुगतना पड़ा।

इस त्रासद प्रसंग का अन्तिम परदा गिरने से पूर्व दिल्ली में दोनों पक्षों के लिए सम्मानजनक समझौते के कई प्रयास किए गए, पर रज़वी एवं फलकनुमा महल के बाहर व भीतर के उसके साथियों ने ऐसे हर प्रयास को विफल बना दिया। सबसे बड़ा खलनायक रज़वी स्वयं था। निज़ाम के सलाहकार रज़वी के सामने तिनके की तरह काँपते थे। उसका सामना करने की हिम्मत उनमें नहीं थी। निज़ाम श्रेष्ठतम शर्तों पर भारत में विलय चाहते थे; उन्हें बहुत समय दिया गया, पर वे रज़वी के पंजों से स्वयं को छुड़ा नहीं पाए। सरदार ने भी रज़वी को होश में लाने का प्रयास किया था, पर विफल रहे। मुंशी ने अपनी पुस्तक में सरदार व रज़वी की बातचीत का ब्योरा दिया है। यह बातचीत जानने लायक है, क्योंकि रज़वी उस समय के बहुत से मुसलमान नेताओं जैसा था। बातचीत कुछ इस तरह हुई थी :

"आप हैदराबाद को आज़ाद क्यों नहीं रहने देना चाहते?" रज़वी ने पूछा।

"मैं सभी सम्भव सीमाएँ लाँघ चुका हूँ। हैदराबाद के लिए मैं जितना कुछ स्वीकार कर चुका हूँ, उतना किसी भी और रियासत के लिए मैंने नहीं स्वीकारा," सरदार ने उत्तर दिया।

"पर मैं चाहता हूँ कि आप हैदराबाद की मुश्किलों को समझें," रज़वी ने फिर कहा।

''मुझे कोई मुश्किल नहीं दिख रही, बशर्ते तुमने पाकिस्तान से कोई समझौता न कर रखा हो,'' सरदार का उत्तर था।

''अगर आप हमारी मुश्किलों को नहीं समझेंगे तो हम झुकेंगे नहीं,'' रज़वी ने चीखते हुए कहा, ''हम हैदराबाद के लिए आखिरी आदमी तक लड़ेंगे-मरेंगे।''

''अगर तुम आत्महत्या करना ही चाहते हो तो मैं तुम्हें कैसे रोक सकता हूँ,'' सरदार ने बड़े सहज ढंग से कहा था।[10]

रज़वी ने भारतीय मुसलमानों की धार्मिक भावनाओं को सफलतापूर्वक उभाड़ा था : उस जैसे कुछ और लोगों ने भी भारतीय मुसलमानों का रक्षक होने का दिखावा करके यही काम किया था। इससे पहले जिन्ना ने अपने स्वार्थों के लिए उनका इस्तेमाल किया। अपने शब्दजाल से वे लोगों की भावनाओं को इस तरह उभाड़ते थे कि न केवल वे भविष्य के खतरों के प्रति अन्धे हो जाते थे, बल्कि व्यापक हितों की होने वाली हानि का भी उन्हें भान नहीं रहता था। सच तो यह है कि विभाजन से पहले या बाद के उस नाजुक दौर में किसी समुदाय का उसके नेताओं ने इतना अहित नहीं किया था, जितना घृणा और दम्भ के सहारे जीने वाले रज़वी जैसे नेताओं ने मुसलमानों का किया था। अखबारों ने ऐसे नेताओं की जमात को कभी कम नहीं होने दिया—ये सबके सब जितने असामान्य व हास्यास्पद व्यक्तित्व थे, उतने ही खतरनाक भी थे। तब से लेकर आज तक स्थिति में कोई परिवर्तन नहीं आया। आज भी कुछ ऐसे नेता हैं जो रज़वी की नकल करने की कोशिश करते हैं। ऐसे ही नेता कट्टरता को पनपाते हैं, कुछ तो आतंकवाद तक के पनपने की भूमि तैयार करते हैं। एलन कैम्पबैल-जोन्सन ने रज़वी का जो वर्णन किया था, वह इन पर भी सटीक बैठता है : ''रज़वी एक सम्पूर्ण धर्मांध व्यक्ति है। दोस्तों-दुश्मनों दोनों को आतंकित कर सकने वाली उसकी घूरती आँखें सामने वाले को भेदकर निकल जाती हैं। पर उसमें मूर्खता व धूर्तता का पुट, जो उसके बोलते ही झलकने लगता है, और उसकी बातों को गम्भीरता से नहीं लेने देता, यह आभास दे देता है कि उसका महत्त्वोन्माद उसकी वास्तविक ताकत से कहीं अधिक है। छरहरे बदन वाला रज़वी काफी फुर्तीला है। मैक सेन्नेट जैसी दाढ़ी रखता है और सिर पर तिरछी कैप लगाता है। तेज़ी से

दूर जाता हुआ चार्ली चैपलिन एवं छोटे-मोटे नबी का मिश्रण लगता है।''[11]

महीनों की समझौता-वार्ता के दौरान सरदार का धैर्य और दूसरी ओर रज़वी के घृणा से भरा आलाप, दोनों अपने आपमें उदाहरण थे। इससे भारत को बहुत लाभ हुआ। निज़ाम को सब कुछ खोना पड़ा। 'पुलिस एक्शन' के बाद जब हैदराबाद किसी भी प्रकार के सशस्त्र अथवा जनता के विरोध के बिना ही हार गया तो नवाब की स्थिति दयनीय हो गई थी। राजाओं में सबसे बलशाली माना जाने वाला नवाब भारत के लौह पुरुष के समक्ष घुटने टेकने पर विवश था, उसकी सहायता करने के लिए रज़वी कहीं नहीं था। पर पटेल ने उदारता बरतते हुए सरकार को समर्थन देने वाली नवाब की जनता, विशेषकर मुसलमानों को धन्यवाद दिया। मुंशी ने अपनी पुस्तक में लिखा है कि डेढ़ वर्ष के दौरान रज़वी व उसके चमचों द्वारा हैदराबाद के बाहर के मुसलमानों को अपने साथ करने के सारे प्रयास विफल रहे। मुंशी के अनुसार, ''सारे देश के मुसलमान अखबारों ने एक स्वर में लिखा था कि निज़ाम ने अपनी मूर्खताओं से अपनी परेशानियाँ बुलाईं। इसी तरह, हैदराबाद के एवं बाहर के विचारवान मुसलमानों ने निज़ाम या रज़वी के प्रति किसी भी प्रकार की सहानुभूति नहीं दिखाई। मुंशी ने लिखा है कि इसके विपरीत ''देश भर में साम्प्रदायिक तनाव बनाए रखने एवं विभाजन के बाद जिन हिन्दुओं से वे उम्मीदें बाँधे हुए थे, उनसे सुखद सम्बन्धों के लिए खतरा पैदा करने के कारण[12] मुसलमान नवाब व रज़वी से घृणा करते थे। शहीद सुहरावर्दी ने, जो बाद में पाकिस्तान के प्रधानमंत्री बने, पटेल को लिखे एक पत्र में एक जटिल समस्या को चतुराई एवं दक्षता के साथ सुलझाने के लिए उन्हें बधाई दी थी और साथ ही भारतीय मुसलमानों को 'एक तबाही' से बचाने के लिए धन्यवाद भी दिया था। अपने उत्तर में सरदार ने सुहरावर्दी को सूचित किया कि ''भारत के मुसलमानों ने हमारा साथ दिया, जिसका निश्चित रूप से अच्छा असर पड़ा।''[13]

निज़ाम को अपने किए पर पछतावा था। रेडियो पर प्रसारित अपनी शर्मनाक स्वीकारोक्ति में उन्होंने स्वीकार किया कि रज़वी के नेतृत्व वाले छोटे से अर्द्ध-सैनिक संगठन ने हिटलरी तरीके अपनाए, जो कि हैदराबाद की साम्प्रदायिक समन्वय वाली परम्परा के विपरीत थे। नवाब ने यह भी कहा कि रज़वी के

अनुयायियों ने महल को घेरकर उन पर निर्णय लादे : ''उन्होंने सारे समाज में आतंक फैला दिया था, उनके आगे घुटने टेकने से इनकार करने वाले मुस्लिमों व गैर-मुस्लिमों, विशेषकर हिन्दुओं के विरुद्ध उन्होंने बड़े पैमाने पर लूट-मार व आगजनी की और मुझे पूरी तरह असहाय बना दिया। मैं भारत के साथ सम्मानपूर्ण समझौता करना चाहता था, और भारत भी इसके लिए तैयार था, पर एक ऐसा इस्लामी राज्य जिसमें हैदराबाद के मुसलमानों को ही नागरिकता के अधिकार प्राप्त हों, बनाने के आकांक्षी रज़वी व उसके साथियों के गिरोह ने समय-समय पर भारत सरकार द्वारा रखे गए प्रस्तावों को ठुकराने के लिए मुझे विवश कर दिया। मैं एक मुसलमान हूँ और मुसलमान होने का मुझे गर्व है, पर मैं जानता हूँ कि हैदराबाद भारत से पृथक् नहीं रह सकता।[14] निज़ाम ने स्वीकार किया कि रज़वी व उसके रज़ाकारों ने भयंकर साम्प्रदायिक घृणा फैला दी थी और ''दुर्भाग्यवश मुझे ऐसी स्थिति में ला दिया गया था कि मैं उसे नहीं रोक सका।'' यह बात सच नहीं थी, पर इसके कारण एक त्रासद नाटकीय स्थिति से सम्मानपूर्वक उबरने की राह मिल गई। यदि सरदार का सजग, दक्ष एवं संयमित निर्देशन न होता और स्थिति पर सरदार की निगरानी व नियंत्रण न होता तो हैदराबाद में जो कुछ हो रहा था उसका परिणाम व्यापक रक्तपात ही होता, जिसका लम्बी अवधि तक सारे भारत में हिन्दू-मुस्लिम सम्बन्धों के लिए भयंकर परिणाम होता।

एक बार फिर पटेल ने यह दिखा दिया कि वे विजय में कितने उदार हो सकते हैं। मेजर जनरल जे.एन. चौधरी द्वारा हैदराबाद का मिलिट्री कमांडर बनने के बाद 4 मार्च, 1949 को निज़ाम को लिखे एक पत्र में पटेल ने कहा था, ''महामहिम, जैसा कि मैंने आपसे कहा था, गलती करना मनुष्य की कमज़ोरी है। और ईश्वरीय निर्देश भूल जाने व क्षमा करने का संकेत देते हैं, मनुष्यों का यह कर्तव्य है कि वे ईमानदारी से पश्चात्ताप करके एवं शेष समय में जनता व ईश्वर के प्रति अपने कर्तव्यों का पालन करते हुए इस प्रक्रिया में अपना योगदान करें। मैं अपने इस परामर्श को एक बार फिर दुहराना चाहता हूँ, और महामहिम, पूरी ईमानदारी के साथ आपको आश्वस्त करना चाहता हूँ कि यह मैत्रीपूर्ण सलाह है।''[15]

सातवाँ अध्याय

जिम्मेदारी और चिन्ता

राम जन्मभूमि-बाबरी मस्जिद विवाद को उठाने का मेरा कोई इरादा नहीं है, पर सरदार की भूमिका से इसका सम्बन्ध है। एक बहुत ही संवेदनशील मुद्दे के सन्दर्भ में सरदार की गैर-साम्प्रदायिक दृष्टि को उजागर करने वाली यह बात सामने आनी ही चाहिए। दिन के उजाले में कानून की आँखों के सामने जब मस्जिद ढहाई जा रही थी तो उस समय के शासकों के व्यवहार के नितान्त विपरीत था सरदार का रुख। सत्ताधारियों के पूर्वज्ञान के बावजूद मस्जिद को ढहाया जाना उनके इस दावे के खोखलेपन को स्पष्ट कर देता है कि वे धर्मनिरपेक्षता के रक्षक हैं। अधिक नहीं, तो उतने ही दोषी वे भी थे जितने दोषी वह भीषण अपराध करने वाले थे। शासकों के दिखावे के रुख एवं जानबूझकर निष्क्रिय बने रहने ने पूरे देश को शर्मिंदा और अपमानित किया है। इस विवाद का इतिहास बताने या उन विभिन्न चरणों की व्याख्या करने की आवश्यकता मुझे नहीं लगती, जिनसे होकर यह विवाद गुज़रा है। वास्तव में, 1949 में जब मस्जिद में राम की मूर्ति रखी गई थी, तब पहली बार इस विवाद ने गम्भीर रुख अपनाया था और हिन्दू-मुस्लिम सम्बन्धों के लिए खतरा उत्पन्न हुआ था। तब पंडित गोविन्द वल्लभ पंत उत्तर प्रदेश के मुख्यमंत्री थे। सरदार इस घटना से बहुत चिन्तित थे, क्योंकि उन्हें डर था कि कहीं घटनाक्रम घिनौना रूप न ले ले। सम्भव था कि भीड़ कानून अपने हाथ में ले लेती। इसलिए उन्होंने पंत को सलाह दी कि वे संयम से काम लें, पर साथ ही उन्होंने यह भी कहा कि कोई भी पक्ष यदि ताकत का इस्तेमाल करता है तो उसका मुकाबला ताकत से ही किया जाना चाहिए।

कानून तोड़ने वालों के साथ किसी तरह की रियायत नहीं होनी चाहिए। उनका वह पत्र ऐतिहासिक महत्त्व का है और आज भी प्रासंगिक है, क्योंकि दो समुदायों की धार्मिक भावनाओं को प्रभावित करने वाले विवादों को सुलझाने के लिए इसमें दिशा-निर्देश दिया गया है। इसलिए मैं वह पत्र यहाँ पूरा उद्धृत कर रहा हूँ :

नई दिल्ली

9 जनवरी, 1950

प्रिय पंत जी,

प्रधानमंत्री ने आपको एक तार भेजा है, जिसमें उन्होंने अयोध्या की घटनाओं पर अपनी चिन्ता व्यक्त की है। लखनऊ में मैं इस बारे में आपसे बातचीत कर चुका हूँ। मुझे लग रहा है कि देश और आपके प्रान्त, दोनों की दृष्टि से यह मुद्दा अत्यन्त अनुपयुक्त समय पर उठाया गया है। हाल ही में हमने व्यापक साम्प्रदायिक मसले विभिन्न समुदायों को सन्तुष्ट करते हुए सुलझाए हैं। जहाँ तक मुसलमानों का सम्बन्ध है, नई निष्ठाओं के प्रति वे अभी स्वयं को तैयार ही कर रहे हैं। अब हम यह कह सकते हैं कि विभाजन का पहला धक्का और उससे उत्पन्न अस्थिरताएँ अभी समाप्त ही हो रही हैं और इस बात की कोई सम्भावना नहीं है कि अब बड़े पैमाने पर निष्ठाओं का स्थानान्तरण होगा। आपके प्रान्त में साम्प्रदायिक समस्या हमेशा से ही कठिन रही है। मैं समझता हूँ यह आपके प्रशासन की एक बड़ी उपलब्धि है कि अनेक कठिनाइयों के बावजूद 1946 से लेकर अब तक साम्प्रदायिक सम्बन्धों में सामान्यतः सुधार हुआ है। समूहीकरण के परिणामस्वरूप यू.पी. में हमारी अपनी संगठनात्मक एवं प्रशासकीय कठिनाइयाँ हैं। यह अत्यन्त दुर्भाग्यपूर्ण होगा यदि हम इस मुद्दे पर किसी समूह को लाभ लेने दें। इसलिए, इन सभी बातों को ध्यान में रखते हुए मैं समझता हूँ कि यह विवाद दोनों समुदाय सौहार्दपूर्ण तरीके से आपसी सहनशीलता व सद्भाव से सुलझाएँ। मैं इस बात को समझता हूँ कि जो कुछ हुआ है, उसके पीछे भावनाएँ हैं, लेकिन ऐसे विवाद तभी शान्तिपूर्ण ढंग से सुलझाए जा सकते हैं, यदि हम मुसलमान समुदाय को सहज सहमति से लेकर चलें। ऐसे विवादों को ताकत से सुलझाने का कोई प्रश्न नहीं उठता। वैसी स्थिति में कानून-व्यवस्था की ताकत को हर कीमत पर शान्ति

बनाए रखनी होगी। इसलिए, यदि शान्तिपूर्ण एवं विश्वास उत्पन्न करने वाले तरीके अपनाए जाते हैं तो आक्रामकता तथा दबाव पर आधारित एकपक्षीय कार्रवाई नहीं की जा सकती। इसलिए इस बात से मैं पूर्ण सहमत हूँ कि मामले को उत्तेजनात्मक मुद्दा नहीं बनाया जाना चाहिए तथा वर्तमान दुर्भाग्यपूर्ण विवाद को शान्तिपूर्ण (तरीके) से सुलझाया जाना चाहिए। स्वीकृत तथ्यों को शान्तिपूर्ण समझौते की बाधा नहीं बनने दिया जाना चाहिए। मुझे आशा है, इस दिशा में आपके प्रयास सफल होंगे।

आपका
वल्लभभाई पटेल[1]

इस पत्र पर प्रतिक्रिया व्यक्त करते हुए नेहरू के प्रसिद्ध जीवनीकार एवं सरदार के आलोचक एस. गोपाल ने लिखा है, ''सामान्यतः पटेल को हिन्दू राष्ट्रवाद का समर्थक माना जाता है, पर वस्तुतः उनकी प्रमुख चिन्ता राष्ट्रीय एकता थी।''[2] गोपाल ने तो यह भी कहा है कि प्रसाद पटेल से अधिक गैर-धर्मनिरपेक्ष थे।[3]

अन्ततः मैं पंचायत समितियों, नगरपालिकाओं से लेकर राज्य विधानसभाओं व संसद के दोनों सदनों में मुसलमानों के लिए पृथक् मताधिकार के प्रश्न पर आता हूँ; यहाँ भी मैं इसके इतिहास अथवा 1946 में अंग्रेज़ों ने इसे क्यों या कैसा प्रस्तावित किया था, की बात नहीं करना चाहता। इतना ही कहना पर्याप्त होगा कि मुसलमानों को लगता था कि उनके उचित प्रतिनिधित्व की यह एकमात्र गारंटी है, और कुल मिलाकर हिन्दू यह समझते थे कि दोनों को पृथक् रखने का यह एक चतुर तरीका है। प्रारम्भ में संविधान सभा ने यह स्वीकार किया कि सिखों, मुसलमानों समेत अल्पसंख्यकों तथा परिगणित जातियों को संयुक्त निर्वाचन में सीटों का आरक्षण दिया जाना चाहिए। यह विभाजन से एक माह पूर्व जुलाई 1947 की बात है। विभाजन के परिणामों ने अधिसंख्य सदस्यों का पूरा दृष्टिकोण ही बदल दिया। उन्हें आशंका हुई कि ऐसा आरक्षण भी धर्मनिरपेक्षता की जड़ों पर वार करेगा। इस प्रश्न पर फिर से विचार करने के लिए सरदार पटेल की अध्यक्षता में एक उपसमिति का गठन किया गया; अब मुसलमानों की

अपेक्षा सिख कहीं अधिक ज़ोर-शोर से पृथक् निर्वाचन की माँग कर रहे थे। उन्होंने और भी अनेक गारंटियों की माँग की।[4] समिति के सदस्यों में लीग की प्रमुख महिला सदस्य बेगम ऐजाज़ रसूल भी थीं, जिन्होंने भारत में रहना पसन्द किया था। वे सुन्नी मुसलमान थीं। आज़ाद के विश्वस्त मौलाना हफ़ीजुर रहमान भी सुन्नी थे। अन्य मुसलमान सदस्य तजामुल हुसेन शिया थे। परिगणित जातियों के नेता डॉ. बी.आर. आम्बेडकर को इस समिति में होना ही था और उन्होंने समिति में उल्लेखनीय भूमिका निभाई थी।

समिति की पहली ही बैठक में डॉ. आम्बेडकर ने इस प्रश्न को फिर से उठाने पर आपत्ति की, पर अध्यक्ष सरदार पटेल ने उनकी आपत्ति को अस्वीकार कर दिया। जब मौलाना हफ़ीजुर रहमान ने आरक्षण की पैरवी की तो तजामुल हुसेन ने साम्प्रदायिकता को बढ़ावा देने के उनके बदले हुए रुख के लिए उनकी भर्त्सना की।

समिति के सिख सदस्य इस बात पर अड़े हुए थे कि पुराना फार्मूला लागू रखा जाए। सारी बहस के दौरान सरदार कुल मिलाकर मौन ही रहे, बस बीच-बीच में हल्की-फुल्की टिप्पणियों से तनाव अवश्य कम करते रहे। चूँकि सदस्यों के बीच मतभेद था इसलिए अध्यक्ष ने बैठक स्थगित करते हुए सदस्यों से आग्रह किया कि वे इस बीच कोई स्वीकृत हल खोज लें।

11 मई, 1949 को हुई अगली बैठक में, मौलाना आज़ाद की सलाह पर राष्ट्रवादी मुसलमानों ने मुसलमानों के लिए पृथक् मताधिकार के प्रस्ताव को रद्द करने का प्रस्ताव रखा, लीग की तरफ से बेगम ऐजाज़ रसूल ने इस प्रस्ताव का अनुमोदन किया। आश्चर्य की बात तो यह थी कि उन्होंने हिन्दुओं के संयुक्त मोर्चे की अच्छाइयों का बड़ी कुशलता के साथ प्रतिपादन किया। मुसलमानों के इस बदले हुए रुख से सिख आश्चर्य में पड़ गए। अपनी माँग रखने के लिए वे मुसलमानों के रुख पर निर्भर कर रहे थे। इसलिए विपक्ष में कोई आवाज़ नहीं उठी। इस सारी कार्रवाई के दौरान पटेल चुप ही रहे, उन्होंने अपने विचारों का कोई संकेत नहीं दिया; मुसलमानों के बदले हुए रुख ने सिखों के नीचे से ज़मीन ही खिसका दी थी। यह तो नहीं पता कि पटेल ने इस सन्दर्भ में आज़ाद से कोई बातचीत की थी अथवा नहीं, पर मुसलमानों के रुख में अचानक आए इस

परिवर्तन का श्रेय आज़ाद को ही जाता है। सरदार ने सन्तोष जताते हुए कार्रवाई समाप्त की, उन्हें इस बात की प्रसन्नता थी कि अल्पसंख्यकों के लिए पृथक् मताधिकार की समाप्ति के मुद्दे पर सब एकमत थे। उन्होंने इस बात पर समिति की मुहर लगा दी। केवल परिगणित जातियों के लिए अनुग्रह-अवधि स्वीकार की गई।

संविधान सभा में समिति की सर्वसम्मत रिपोर्ट प्रस्तुत करते हुए सरदार ने हिन्दुओं को आगाह किया कि यह वह पवित्र विश्वास है जो अल्पसंख्यकों ने उनमें व्यक्त किया है और हिन्दुओं का दायित्व है कि वे इस बात का ध्यान रखें कि इसका पूरा पालन हो। उन्होंने यह चेतावनी भी दी कि ''असन्तुष्ट अल्पसंख्यक बोझ और खतरा होते हैं, अत: हमें ऐसा कुछ नहीं करना चाहिए जिससे अल्पसंख्यकों की उचित भावनाओं को ठेस पहुँचे।'' उन्होंने कहा, ''यह बहुसंख्यक समुदाय का दायित्व है कि अपनी उदारता से वह अल्पसंख्यकों में विश्वास की भावना पैदा करे। इसी तरह अल्पसंख्यक समुदायों का भी यह दायित्व है कि वे अतीत को भुला दें एवं इस बारे में विचार करें कि विदेशी शासकों ने समुदायों के बीच सन्तुलन बनाए रखने के लिए जिस (कथित) 'निष्पक्षता की भावना' को आवश्यक समझा था, उससे देश का कितना अहित हुआ है।''[5] उन्हें इस बात की प्रसन्नता थी कि अल्पसंख्यक इस निष्कर्ष पर पहुँचे हैं—उन्होंने उम्मीद की थी कि ईमानदारी से—कि बदली परिस्थितियों में एक धर्मनिरपेक्ष राज्य की वास्तविक व निष्कपट आधारशिला रखना प्रत्येक के हित में है। वास्तव में, उन्होंने इस बात पर बल दिया था कि ''अल्पसंख्यकों के लिए इससे बेहतर और कुछ नहीं हो सकता कि वे बहुसंख्यकों की समझदारी व निष्कपटता पर भरोसा करें और उन पर विश्वास करें।'' बहुसंख्यक सदस्यों की ओर मुड़ते हुए उन्होंने दृढ़तापूर्वक कहा था कि ''अल्पसंख्यकों की भावनाओं को समझने का दायित्व हम बहुसंख्यकों पर है और यह कल्पना करने का भी कि यदि हमारे साथ वैसा व्यवहार होता जैसा उनके साथ हो रहा है तो हमें कैसा लगता।''[6] बदलते घटनाक्रम से नेहरू बहुत प्रसन्न थे और उन्होंने पटेल के कथन की पुष्टि की। नेहरू ने कहा, ''यह हम सबके लिए निष्ठा का प्रश्न है, और सबसे ऊपर बहुसंख्यक समुदाय की निष्ठा का प्रश्न है, क्योंकि इसके बाद उन्हें यह दिखाना

है कि वे अन्य के प्रति उदार, उचित एवं न्यायपूर्ण व्यवहार कर सकते हैं। आइए, हम इस निष्ठा की कसौटी पर खरे उतरें।''[7]

संविधान के अन्तर्गत होने वाले प्रथम आम चुनाव से लगभग दो वर्ष पूर्व 15 दिसम्बर, 1950 को सरदार का निधन हो गया। वे अपनी जबान के पक्के थे और उन्हें यह देखकर अवश्य पीड़ा होती कि उनके सहधर्मावलम्बियों ने इस विश्वास का सम्मान नहीं किया। जैसा कि मैंने अपनी पुस्तक 'दि वाइडनिंग डिवाइड : एन इनसाइट इंटु हिन्दू-मुस्लिम रिलेशंस' (पेंग्युइन) में कहा है, ''हिन्दू राष्ट्रवादियों द्वारा स्वातंत्र्य-संग्राम के दौरान किया गया यह दावा, कि अल्पसंख्यकों के लिए पृथक् मताधिकार की समाप्ति से एक व्यापक, गैर-साम्प्रदायिक राजनीतिक वातावरण का निर्माण होगा, पहली ही परीक्षा में झूठा साबित हो गया। लोकसभा के लिए बाद के चुनावों में स्थिति सुधरी नहीं। विभिन्न राज्यों की विधानसभाओं के चुनावों से स्पष्ट होता है कि स्थिति बिगड़ी ही थी। जिला परिषदों, पंचायत समितियों, नगरपालिकाओं के चुनावों में तो हिन्दू साम्प्रदायिक व जातीय मुद्दे ने मुसलमान उम्मीदवारों के भाग्य के साथ खिलवाड़ ही किया—अनेक स्थानों पर एक भी मुसलमान उम्मीदवार निर्वाचित नहीं हो पाया।''[8]

इसका अर्थ यह नहीं है कि सरदार मुसलमानों एवं अन्य अल्पसंख्यकों की पहचान बनाए रखने के विरुद्ध थे; इसके विपरीत तीन मुद्दों पर, जो अल्पसंख्यकों के लिए अत्यधिक महत्त्व के थे, हिन्दुओं के दबाव के बावजूद सरदार उनके पक्ष में खड़े रहे। ये मुद्दे थे : (1) धर्म के प्रचार का अधिकार, (2) भाषा, लिपि एवं संस्कृति की रक्षा का अधिकार तथा (3) शैक्षणिक संस्थाएँ चलाने का अधिकार। अल्पसंख्यकों एवं मूलभूत अधिकारों के लिए गठित सलाहकार समिति के अध्यक्ष के नाते ये सारे मुद्दे सीधे सरदार पटेल के अन्तर्गत आते थे। इन विषयों पर, विशेषकर गैर-हिन्दुओं को धर्म-प्रचार का अधिकार देने के बारे में समिति के सदस्यों में काफी तीखी बहस हुई थी। ईसाई व मुसलमान सदस्य इस बात पर अड़े हुए थे—उनका कहना था कि यह उनके धर्म का महत्त्वपूर्ण अंग है। लेकिन हिन्दू इसके कट्टर विरोधी थे। उनका कहना था कि कांग्रेस के 1931 के कराची अधिवेशन में भी, जिसके सरदार अध्यक्ष थे, ''नागरिकों को अपने

धर्म में स्वतंत्रतापूर्वक विश्वास प्रकट करने व उसके पालन के अधिकार'' की ही गारंटी दी गई थी, धर्म-प्रसार की नहीं। सरदार के दो निकट सहयोगियों, के.एम. मुंशी व पुरुषोत्तमदास टंडन, ने यह शब्द जोड़ने का तीव्र विरोध किया था। उनका कहना था कि इससे तरह-तरह के प्रलोभन देकर धर्मान्तरण के लिए प्रेरित करने का दरवाजा खुल जाएगा। टंडन ने कहा था, 'एक धर्म से दूसरे धर्म में परिवर्तन कराना' या ऐसी गतिविधियों की अनुमति देना 'बहुत गलत होगा।' ईसाई एवं मुसलमान सदस्य इस बात पर ज़ोर दे रहे थे कि धर्म-प्रसार उनके लिए निष्ठा का प्रश्न है।

जैसा कि उनका स्वभाव था, सरदार ने दोनों पक्षों के सदस्यों की बात को धैर्यपूर्वक सुना, पर अपनी कोई राय नहीं दी। इस बीच अल्पसंख्यक सदस्यों के एक प्रतिनिधिमंडल ने नेहरू से भेंट कर धर्म-प्रसार के अपने अधिकार की बात कही। नेहरू ने उनकी बात को सहानुभूतिपूर्वक सुना अवश्य, पर उन्होंने उनसे स्पष्ट कह दिया कि संगठित धर्म में उनका विश्वास नहीं है अत: वे धर्म-प्रसार के औचित्य को समझने में असमर्थ हैं। पर उन्होंने सदस्यों से यह भी कहा कि यह उनकी व्यक्तिगत राय है; उन्हें पटेल से इस बारे में बातचीत करनी चाहिए। नेहरू ने विश्वास व्यक्त किया था कि पटेल अल्पसंख्यकों की भावनाओं को अधिक समझेंगे एवं उनके अनुरूप कार्रवाई करेंगे। जब वे सरदार से मिले तो उन्होंने बड़े धैर्य से उनकी बातें सुनीं, नेहरू ने उनके बारे में जो कुछ कहा था, वह भी सुना। उन्होंने उन सदस्यों को आश्वासन दिया कि उनकी सहायता के लिए जो कुछ सम्भव होगा, वे करेंगे। परिणाम यह निकला कि तीव्र विरोध के बावजूद संविधान की धारा 25 में 'प्रसार' शब्द जुड़वाने के लिए पटेल ने अपनी प्रतिष्ठा व प्रभाव को दाँव पर लगा दिया। इसी तरह सरदार पटेल के सतत आग्रह के कारण ही संविधान सभा ने धारा 29 और 30 पारित कीं, जिनमें अल्पसंख्यकों को अपनी 'पृथक् भाषा, लिपि व संस्कृति' की रक्षा तथा 'अपने शैक्षणिक संस्थान स्थापित करने व चलाने' का अधिकार दिया गया था। संविधान के चैप्टर III में वर्णित ये प्रावधान उनके अधिकारों का शस्त्रागार हैं जिनकी रक्षा न्यायालय करते हैं। यह खेद की बात है कि भारत में धर्मनिरपेक्षता को मज़बूत बनाने के लिए किए गए सरदार के इस योगदान का उचित मूल्यांकन नहीं हुआ है। इन

प्रावधानों को संविधान में सम्मिलित कराने के लिए यदि पटेल ने अपनी पूरी ताकत न लगाई होती तो सम्भव था अल्पसंख्यक भारत में अपनी पहचान उसी तरह सुरक्षित न रख पाते, जैसे आज सुरक्षित रखे हुए हैं।

भारतीय सेना के तत्कालीन अंग्रेज़ सेनापति जनरल रॉय बुचर ने भी इस आशय के एक प्रमाण का ब्योरा दिया है। सरदार के साथ बुचर के सम्बन्ध काफी मैत्रीपूर्ण थे। एक बार जब सरदार देहरादून में स्वास्थ्यलाभ कर रहे थे तो बुचर उनसे मिलने गया। लगभग एक घंटे तक दोनों ने विभिन्न विषयों पर बातचीत की, जिसे बुचर ने बाद में लिपिबद्ध किया था। पटेल ने जो बातें बुचर को ज़ोर देकर कही थीं, उनमें से एक बात यह थी कि "सब यह समझते हैं कि वे (पटेल) मुसलमान-विरोधी हैं, पर ऐसा है नहीं। वे सारे भारत में मुसलमानों की सुरक्षा एवं कल्याण की गारंटी देने के लिए तैयार थे।"[9]

अपने जीवन के अन्तिम वर्ष में पटेल ने इस बात का एक और उदाहरण दिया कि वे मुसलमान-विरोधी नहीं थे। मद्रास उच्च न्यायालय के जस्टिस बशीर अहमद को भारत सरकार ने मद्रास उच्च न्यायालय का स्थायी न्यायाधीश प्रस्तावित किया था। उच्चतम न्यायालय के मुख्य न्यायाधीश कानिया ने इस प्रस्ताव को अस्वीकार कर दिया। जब वह फाइल प्रधानमंत्री नेहरू के पास पहुँची तो वे गुस्से में आ गए। 23 जनवरी, 1950 को उन्होंने गृहमंत्री पटेल को, जिनके अन्तर्गत ये नियुक्तियाँ आती थीं, कानिया के व्यवहार की आलोचना करते हुए एक टिप्पणी भेजी। क्रुद्ध नेहरू ने पटेल से पूछा था, "क्या इस तरह गलत व्यवहार करने वाला व्यक्ति भारत की न्यायपालिका का मुखिया होने लायक है?" उन्होंने अपनी टिप्पणी में यह भी लिखा था कि वे इस बारे में तत्कालीन गवर्नर जनरल राजाजी से भी बात कर चुके हैं और वे नेहरू से पूरी तरह सहमत थे। इसलिए उन्होंने सुझाव दिया कि "इन तथ्यों को देखते हुए हमें मुख्य न्यायाधीश कानिया को त्यागपत्र देने के लिए कहना चाहिए। उन्हें भारत के सर्वोच्च न्यायालय का स्थायी प्रधान न्यायाधीश बनाना खतरनाक होगा।"

उसी दिन पटेल ने नेहरू को उत्तर भेज दिया था जिसमें उन्होंने बताया था कि उन्होंने गृह सचिव एच.वी.आर. अयंगार को निर्देश दे दिए हैं कि कानिया के विरोध की अवहेलना करते हुए जस्टिस बशीर अहमद की नियुक्ति कर दी जाए।

उन्होंने लिखा था कि "मुख्य न्यायाधीश कानिया ने इस प्रश्न पर जो रुख अपनाया है" उसके बारे में वे नेहरू के विचारों से सहमत हैं। "वस्तुतः मैंने उन्हें (कानिया को) टेलीफोन पर कह दिया है कि इस स्थिति में जस्टिस बशीर अहमद को अस्वीकार करने की कार्रवाई को सहज ही साम्प्रदायिकता पर आधारित माना जा सकता है। लेकिन, पटेल ने कानिया के विरुद्ध कोई कार्रवाई करने के बारे में नेहरू को सावधान करते हुए कहा कि "सम्भव है कानिया अड़ियल रुख अपना लें, जो दुर्भाग्य से कुछ न्यायाधीशों का गुण बना हुआ है। वे लोग समझते हैं कि स्वतंत्रता, एकात्मता एवं शुचिता की सुरक्षा उनका एकाधिकार है।" लेकिन इसके साथ ही पटेल ने नेहरू से यह भी कहा कि "भारत के मुख्य न्यायाधीश के पद पर बैठे व्यक्ति की ऐसी असावधानियों को सहना ही पड़ेगा। यदि और कोई रुख अपनाया गया तो हम पर न्यायपालिका के काम में हस्तक्षेप का आरोप लग सकता है। मुख्य न्यायाधीश कानिया को त्यागपत्र देने के लिए कहने का मतलब यह तो नहीं है कि वे त्यागपत्र दे ही देंगे। यदि उन्होंने त्यागपत्र नहीं दिया तो हमें हार ही स्वीकारनी होगी, क्योंकि हम अपने निर्देश को तार्किक परिणति तक नहीं पहुँचा सकते—उन्हें पद से हटा नहीं सकते।" इसलिए उन्होंने नेहरू से आग्रह किया कि 'हवा को बह जाने दें' और नेहरू ने यही किया और इस तरह एक ऐसा दुर्भाग्यपूर्ण प्रकरण समाप्त हो गया, जिससे कार्यपालिका एवं न्यायपालिका के सम्बन्धों पर गम्भीर असर पड़ सकता था।[10]

समाजवादी विचारक डॉ. राममनोहर लोहिया ने अपनी बहुचर्चित पुस्तक 'गिल्टी मैन ऑफ इंडियास पार्टीशन' में लिखा है, "राजनीतिक प्रेरणा की दृष्टि से सरदार पटेल निस्सन्देह उतने ही हिन्दू थे जितने मौलाना आज़ाद मुसलमान।"[11] पर आज़ाद अपनी भावनाओं को छिपा सकते थे; अपनी बात पर अड़ने के बजाय उन्होंने पीड़ा भोगी। जैसा कि हमने देखा है, पटेल अक्सर कड़वा सच बोल देते थे, शब्दों को घुमा-फिराकर कहने का उनका स्वभाव नहीं था। वे अपनी भावनाएँ न छिपा सकते थे, न छिपाते थे। उन्हें इस बात की परवाह नहीं थी कि उनके शब्दों से कोई आहत भी हो सकता है। पर उनकी राष्ट्रभक्ति पर कोई विवाद नहीं हो सकता। उनका राष्ट्रवाद काफी व्यापक था। उसमें संकुचित जाति व वंश की संकुचित भावनाओं के लिए कोई स्थान नहीं था। जयप्रकाश नारायण को उनके

बारे में अपना विचार बदलना पड़ा था। पटेल के ख़िलाफ़ लगाया साम्प्रदायिक पूर्वग्रह का आरोप उन्होंने बीस साल बाद वापस लिया था। उन्होंने स्वीकार किया था कि पटेल के बारे में उनका आकलन गलत था। अपनी पुस्तक 'ब्लिस वाज़ इट इन दैट डॉन' में मीनू मसानी ने सरदार का सन्तुलित चित्रण किया है। जे.पी. व अन्य समाजवादियों के साथ मीनू मसानी भी पटेल को प्रतिक्रियावादी एवं पुराणपंथी बताने वालों में सबसे आगे थे : "पटेल बहुत प्रतिभाशाली एवं कुशाग्रबुद्धि नहीं थे, न ही वे कोई बड़े स्वप्नद्रष्टा थे। वे किसी भी दृष्टि से बौद्धिक नहीं थे, और इस प्रजाति के किसी गुण-दोष से ग्रस्त भी नहीं थे। मेरे मित्र यूसुफ मेहरअली ने एक बार कहा था कि पटेल को किसी कल्चर (संस्कृति) के बारे में यदि कुछ पता था तो वह एग्रीकल्चर (कृषि) है। सरदार की जबान भी बहुत तीखी थी। गांधी जी ने एक बार कहा था कि 'पटेल की जीभ में काँटे भरे हैं'; पर उन्होंने मुझे यह भी आश्वासन दिया था कि उनका भौंकना उनके काटने से कहीं ज्यादा खतरनाक है। दूसरी ओर सरदार के रूखे बाह्य रूप के भीतर बहुत बड़ा दिल था। अपने सहयोगियों के प्रति बहुत अधिक निष्ठावान थे और जबान के पक्के थे। उन्हें बहुत से अप्रिय काम करने पड़ते थे, क्योंकि गांधी जी संकेत देते थे व सरदार उनके काम पूरे किया करते थे।"[12]

लेकिन फिर भी यह धारणा बनी रही कि सरदार मन से हिन्दू साम्प्रदायिक थे। महात्मा गांधी की हत्या से पूर्व यह धारणा काफी तीव्र थी। इसलिए पटेल बहुत शान्त हो गए थे और बोलने में भी पर्याप्त सावधानी बरतने लगे थे। उन्होंने आगे बढ़कर मुसलमानों को आश्वस्त करना चाहा कि वस्तुत: वे उनके मित्र हैं। फिर, और भी बहुत सारी समस्याएँ थीं—विशेषकर रियासतों के एकीकरण-सुदृढ़ीकरण की समस्या जिसमें उनका अधिकांश समय जाता था। उनका स्वास्थ्य भी बिगड़ने लगा था। नेहरू के साथ उनके बहुत से मतभेद भी समाप्त हो गए थे, नेहरू-लियाक़त समझौते के पक्ष में सरदार के रुख ने सम्बन्धों को और मज़बूत बना दिया था। सरदार की मृत्यु से कुछ माह पूर्व एक बार फिर साम्प्रदायिक समस्या ने सिर उठाया था। इस बार बिलकुल भिन्न सन्दर्भ था, जिसमें पटेल अनायास ही उलझ गए। मुसलमान-विरोधी विचारों वाले पुरुषोत्तमदास टंडन ने कांग्रेस अध्यक्ष-पद का चुनाव लड़ने का निर्णय

किया था और नेहरू को लगा था कि इससे हिन्दू साम्प्रदायिक ताकतों को बढ़ावा मिलेगा।

8 अगस्त, 1950 को नेहरू ने टंडन को पत्र लिखा, जिसकी एक प्रति उन्होंने पटेल को भी भेजी थी। पत्र में नेहरू ने लिखा, ''भारत की बहुत सी प्रमुख समस्याएँ हैं, पर मुझे यह बार-बार लगता है कि इनमें से सर्वाधिक महत्त्वपूर्ण समस्या कांग्रेस के कुछ बुनियादी सिद्धान्तों से मज़बूती से जुड़े रहने की है। इनमें से आज जो सबसे अधिक महत्त्वपूर्ण है, वह है साम्प्रदायिकता के ख़िलाफ़ लड़ाई। मैं देख रहा हूँ कि यह साम्प्रदायिक भावना भारत में बढ़ती-फैलती जा रही है, और इसके साथ कुछ और भी पनप रहा है, जिसे मैं पुनर्जागरणवाद कहूँगा। मैं जानता हूँ कि पाकिस्तान में जो कुछ हुआ है, भारत में उसकी प्रतिक्रिया ही हो रही है। पर यह एक आंशिक स्पष्टीकरण है और इससे बात नहीं बनती। इसके फलस्वरूप हमारी जनता की समूची असहनशीलता, क्षुद्रता एवं संकुचित मनोवृत्ति उभरकर सामने आ गई है और मुझे भय है कि यदि हम इसी तरह सोचते व कार्य करते रहे तो भारत कभी प्रगति नहीं कर सकता।'' नेहरू ने दिल्ली में हुए शरणार्थी सम्मेलन की टंडन द्वारा की गई अध्यक्षता का स्पष्ट उल्लेख करते हुए पत्र में लिखा था, (उस सम्मेलन में) ''अभिव्यक्त किए गए विचार मुझे अत्यधिक असहिष्णु, साम्प्रदायिक तथा अव्यावहारिक लगे हैं।'' उन्होंने लिखा, ''यदि देश को प्रगति करनी है एवं एक रहना है, तो मुझे लगता है कि आज देश का सबसे बड़ा मुद्दा अपने अल्पसंख्यकों की समस्या को सन्तोषजनक ढंग से सुलझाना है। इसके विपरीत हम अपने अल्पसंख्यकों के प्रति और अधिक असहनशील हो गए हैं और स्वयं को यह कहकर बहला रहे हैं कि पाकिस्तान ने बुरा व्यवहार किया है। पाकिस्तान का क्या होता है, इसकी मुझे चिन्ता नहीं है। लेकिन भारत का क्या होता है, इससे मैं गहरे तक जुड़ा हुआ हूँ, और जीवन की कुछ बुनियादी बातों में आ रही लगातार गिरावट निराश करने वाली है।''[13]

नेहरू के इस पत्र का तत्काल उत्तर देते हुए टंडन ने अपने पर लगाए गए साम्प्रदायिकता के आरोप का खंडन किया। 12 अगस्त, 1950 के इस पत्र में उन्होंने लिखा था, ''जब आप साम्प्रदायिकता की बात करते हैं तो स्पष्ट है

आपके मन में हिन्दू-मुस्लिम का प्रश्न घुमड़ रहा होता है। आप अपने प्रान्त के उस राजनीतिक सम्मेलन में उपस्थित थे जब मैंने लगभग डेढ़ घंटे का अध्यक्षीय भाषण दिया था। तब मैंने सामान्य रूप से हिन्दू-मुस्लिम के प्रश्न पर एवं विशेषकर दोनों समुदायों के बीच सांस्कृतिक सम्बन्धों पर बड़ी स्पष्टता से अपने विचार रखे थे। मेरे उन विचारों में कभी कोई परिवर्तन नहीं आया। मैं किसी इस्लामी संस्कृति अथवा हिन्दू संस्कृति को नहीं मानता। मैं यह भी नहीं मानता कि विश्व में कोई ऐसा ग्रन्थ है जिसमें मनुष्य के कैसा होने के सन्दर्भ में अन्तिम बात कह दी गई हो। मेरी दृष्टि में न वेद मानवीय विचारों की चरण परिणति है और न ही कुरान। जब मैं यह बात कहता हूँ तो मुसलमान मुझे मुसलमान विरोधी घोषित कर देते हैं। मैं समझता था कम से कम आप इस दृष्टिकोण से ऊपर उठेंगे। बनारस के पुरातनपंथी ब्राह्मण भी मेरे विचारों को पसन्द नहीं करते और अपने मुखपत्र हिन्दी दैनिक 'सन्मार्ग' में खुलेआम मेरे विरुद्ध लिखते हैं। राजनीति में मेरी प्रमुख मान्यता है अपरिहार्य एवं आवश्यक विभेदों को उचित सीमाओं में रखते हुए देश की एकता बनाए रखना। मैंने हिन्दू-मुस्लिम विवाहों की खुली वकालत की है और आप जानते हैं कि जातीय रूढ़िवादिता की मेरे जीवन में कोई भूमिका नहीं रही। इसलिए मुझे आश्चर्य हो रहा है कि आपने मुझे साम्प्रदायिक दृष्टिकोण से कैसे जोड़ा।''[14]

पटेल ने नेहरू के पत्र का उत्तर अगले ही दिन दे दिया था। टंडन के उत्तर से तीन दिन पहले। 9 अगस्त, 1950 को लिखे इस पत्र में पटेल ने नेहरू को सुझाव दिया था कि उन्हें टंडन को समझाने का प्रयास करना चाहिए। उन्होंने नेहरू को लिखा था कि टंडन के मन में उनके प्रति गहरा स्नेह है और नेहरू को चाहिए कि वे ''उनकी गलतियों के बारे में उनसे व्यक्तिगत रूप से मिलकर बात करें।'' पटेल ने यह भी लिखा था, ''कुछ लोगों को इस बात पर भी आश्चर्य हो सकता है कि यह मामला उम्मीदवारी के समय ही क्यों उठा है, जबकि बीमारी बहुत पुरानी है।''[15] पटेल व नेहरू के बीच तब कुछ और पत्रों का भी आदान-प्रदान हुआ था, और जब पटेल को पता चला कि कांग्रेस अध्यक्ष पद के लिए अवश्यंभावी हो चुके चुनाव में नेहरू टंडन के मुकाबले आचार्य कृपलानी का समर्थन कर रहे हैं तो उन्हें आश्चर्य ही हुआ। कृपलानी टंडन से कहीं अधिक

मुसलमान विरोधी थे। इस विवाद के सन्दर्भ में 27 अगस्त, 1950 को नेहरू को लिखे अपने पत्र में पटेल ने कहा था, "टंडन जी के विरुद्ध आपने जो मुद्दे उठाए हैं, उनके सन्दर्भ में मैं समझता हूँ कि टंडन जी की तुलना में कृपलानी आपके विरुद्ध कहीं अधिक विध्वंसात्मक तथा आलोचनात्मक भूमिका निभा चुके हैं।"[16]

इस दुर्भाग्यपूर्ण प्रकरण में आश्चर्य की बात यह थी कि जहाँ रफी अहमद किदवई और मृदुला साराभाई बड़ी सक्रियता से नेहरू को प्रभावित कर रहे थे, वहीं पक्के धर्मनिरपेक्ष माने जाने वाले आज़ाद व राजाजी पटेल के साथ थे। चुनाव में टंडन विजयी रहे, कृपलानी की पराजय से नेहरू इतने दुखी हुए कि उन्होंने प्रधानमंत्री पद से त्यागपत्र देने का प्रस्ताव रखा। पर तूफान गुज़र गया। पटेल ने राजाजी व आज़ाद को मनाया कि वे नेहरू व टंडन में समझौता कराएँ। टंडन की अध्यक्षता में हुए कांग्रेस के नासिक सम्मेलन में पटेल ने इस बात का पूरा ध्यान रखा कि साम्प्रदायिकता के मुद्दे समेत नेहरू द्वारा तैयार किए गए सभी प्रस्ताव एकमत से स्वीकृत हों, चुनाव के दौरान पैदा हुई गर्मी को शान्त करने में भी उनकी महत्त्वपूर्ण भूमिका रही।"[17] फिर भी कुछ निकट मित्रों ने पटेल को सुझाव दिया था कि उन्हें चाहिए कि नेहरू को त्यागपत्र देने दें, व प्रधानमंत्री पद स्वयं सँभाल लें। उन्होंने पटेल को आश्वासन दिया था कि कांग्रेस पार्टी उनके साथ है। इस बात पर पटेल ज़ोर से हँसे थे और उन्होंने कहा था, "आप ठीक कह रहे हैं, पार्टी मेरे साथ है, पर जनता उनके साथ है।"[18]

इसके कुछ ही अर्सा बाद 15 दिसम्बर, 1950 को सरदार का मुम्बई में देहान्त हो गया। लोकसभा में सरदार को हृदयस्पर्शी श्रद्धांजलि अर्पित करते हुए नेहरू ने पटेल के साथ अपने दीर्घ सम्बन्धों को याद किया था और उन्हें 'एक ऐसा मित्र व सहयोगी' कहा था 'जिस पर हमेशा भरोसा किया जा सकता था।' नेहरू के शब्दों में पटेल "स्वतंत्रता संग्राम के दौरान और विजय के क्षणों में हमारी शक्तियों के एक महान नायक थे...डगमगाते दिलों के लिए एक शक्ति-केन्द्र थे।"[19] आज़ाद ने भी अपने जीवन भर के उस साथी की भूरि-भूरि प्रशंसा की थी जिससे उनके भले ही कुछ मतभेद रहे हों, पर जिसकी बहादुरी 'पहाड़ों जितनी ऊँची थी' और जिसका दृढ़ निश्चय 'इस्पात जैसा मज़बूत था।'[20]

भारतीय मुसलमानों के प्रति सरदार के रुख के बारे में अन्तिम निर्णय, इस सन्दर्भ में हम सबसे बेहतर निर्णायक निर्णय, गांधी जी का था। उनका सारा जीवन हिन्दुओं और मुसलमानों के बीच खड़ी दीवारों को ढहाने में ही बीता था। इसी उद्देश्य के लिए उन्होंने अपने प्राणों का भी उत्सर्ग कर दिया। उन्होंने कहा था, "मैं सरदार को जानता हूँ हिन्दू-मुस्लिम के सवाल पर, और अन्य कई सवालों के बारे में भी, उनके सोच और मेरे व नेहरू के सोच में अन्तर है। पर उनके सोच को मुसलमान विरोधी कहना सच्चाई को नकारना होगा। सरदार का दिल इतना बड़ा है कि उसमें सब समा सकते हैं।"[21]

लेकिन यह भी सही है कि धर्मनिरपेक्षता की अवधारणा से पटेल मोहित नहीं थे। यह शब्द भी वे कभी-कभी ही काम में लाते थे। धर्म को कम आँकने वाली इसकी पाश्चात्य व्याख्या उन्हें पसन्द नहीं थी। पटेल अति धार्मिक व्यक्ति भले ही नहीं थे, पर अपनी हिन्दू परम्परा का उन्हें अभिमान था। पर अपने गुरु की तरह ही उनका हिन्दुत्व भी संकुचित नहीं था; वे अन्य धर्मों का सम्मान करते थे तथा राष्ट्र के सामाजिक चरित्र से उनका कोई झगड़ा नहीं था। पर उसे मुख्य धारा में संगति बिठानी होगी, अल्पसंख्यकों को समझना ही होगा कि वे इसका अविभाज्य अंग हैं। वे अल्पसंख्यकों के इस भय को नहीं समझ पा रहे थे कि संगति बिठाने की इस प्रक्रिया में उनकी पहचान पर विपरीत प्रभाव पड़ सकता है। वे इस बात को भी स्वीकार नहीं करते थे चूँकि हिन्दुत्व एक विशाल सागर है, और अपने में समाहित कर लेने की इसकी असीम शक्ति के कारण यह खतरा हमेशा बना रहेगा कि यह अन्य धर्मों को अपने घेरे में लेकर अन्ततः उन्हें आत्मसात् कर ले और इस तरह उनकी सांस्कृतिक पहचान को नष्ट कर दे। इसलिए हिन्दुत्व तथा अन्य धर्मों के बीच यदा-कदा संघर्ष होता रहा है। यह बात सिर्फ इस्लाम तक ही सीमित नहीं है, बल्कि जैन एवं बौद्ध धर्म पर भी लागू होती है। पर इस बात के लिए हिन्दुत्व की सराहना ही हो सकती है कि सब कुछ आत्मसात् कर लेने की अपनी प्रवृत्ति तथा अन्य धर्मों के साथ समय-समय पर होने वाले संघर्षों के बावजूद यह अपरिवर्तनीय विशाल समूह नहीं बना। यह हमेशा लचीला रहा है। लगता है, पटेल इस तथ्य से परिचित थे, इसीलिए उन्होंने वीर सावरकर की 'हिन्दू राज' की अवधारणा का विरोध किया। सरदार के अनुसार यह अवधारणा हिन्दुत्व

के आधारभूत ढाँचे के विरुद्ध थी। वे भारतीय संविधान के निर्माताओं में से एक थे, हिन्दुओं को अपने अतीत से विरासत में मिले अनेक बुनियादी तत्त्वों को संविधान से जुड़वाने में उनकी महत्त्वपूर्ण भूमिका रही थी। इसमें से एक है सर्वधर्म समभाव—सब धर्मों का समान आदर एवं सब धर्मों के अनुयायियों से समान व्यवहार। इन मूल्यों को प्रतिष्ठापित करने वाले दस्तावेज़ पर उन्होंने हस्ताक्षर किए थे। उन्होंने कहा था, इन मूल्यों ने भारत की शेष विश्व से पृथक् पहचान बनाई है। फरवरी 1949 में उन्होंने सार्वजनिक घोषणा की थी कि हिन्दू राज की बात एक 'मूर्खतापूर्ण विचार' है और उन्हें विश्वास था कि उनका देश, जिसकी पुनर्रचना में उन्होंने महत्त्वपूर्ण भूमिका निभाई थी, कभी भी इस विचार को स्वीकार नहीं करेगा। उनके कभी न भुलाए जा सकने वाले शब्दों में : ''यह भारत की आत्मा की हत्या कर देगा।''

यद्यपि सरदार दृढ़ निश्चयी थे, हठीले थे और कभी-कभी अक्षमाशील भी, पर बदले की भावना उनमें नहीं थी; वड्र्सवर्थ के वे शब्द उन पर सटीक बैठते थे :

मर चुके थे उसके भीतर के जातीय वहशी गुण,
बदले की भावना और खूँख्वार विचार मर चुके थे,
वह बदला नहीं था, विपत्ति के पाले विवेक को उसने
ऊँचे पायदान पर चढ़ा दिया था।

सन्दर्भ और टिप्पणियाँ

पहला अध्याय : एक प्रत्युत्तर

1. गांधी एम.के. 'कम्युनल यूनिटी', पृ. 88
2. पारीख नरहरि डी., 'सरदार वल्लभभाई पटेल', भाग 1, पृ. 112–13
3. वही, पृ. 122
4. चोपड़ा पी.एन., 'दि सरदार ऑफ इंडिया', पृ. 19
5. कृष्णा बी., 'सरदार वल्लभभाई पटेल—इंडियाज़ आयरन मैन', पृ. 458
6. वही, पृ. 458–59
7. पारीख नरहरि डी., 'सरदार वल्लभभाई पटेल', भाग 1, पृ. 186
8. वही, पृ. 392–93
9. वही, पृ. 392
10. वही, भाग 2, पृ. 13
11. बक्षी एस.आर., 'सरदार पटेल—हिज़ पॉलिटिकल आइडियोलॉज़ी', पृ. 79

दूसरा अध्याय : गहराता संकट

1. एक दिन एक पत्रकार ने पटेल से पूछा : ''क्या आप स्वयं को हिटलर मानते हैं?'' पटेल का उत्तर था, ''लोग मुझे क्या कहते हैं, यह बेमानी है। वे मुझे हिटलर भी कह सकते हैं और सुपर हिटलर भी।'' यह घटना सुनाते हुए पटेल ने कहा था, ''बहुत दिन बाद मुझे इसका फल दिखा (अखबारों में)। मेरे मुँह से कहलवाया गया था, 'मैं सिर्फ हिटलर ही नहीं हूँ, सुपर हिटलर हूँ।''(इलस्ट्रेटेड वीकली ऑफ इंडिया' मुम्बई के 8 अक्टूबर, 1939 के अंक में प्रकाशित इंटरव्यू)।
2. पारीख, नरहरि डी., 'सरदार वल्लभभाई पटेल', भाग 2, पृ. 114

3. गांधी राजमोहन, 'पटेल—ए लाइफ', पृ. 222-23
4. शंकरदास रानी धवन, 'वल्लभभाई पटेल :पावर एंड ऑर्गनाइज़ेशन इन इंडियन पॉलिटिक्स', पृ. 213-14
5. गांधी राजमोहन, 'पटेल—ए लाइफ', पृ. 220
6. वही, पृ. 303
7 पारीख नरहरि डी. 'सरदार वल्लभभाई पटेल', भाग 2, पृ. 445
8. वही, पृ. 445-46
9. गांधी राजमोहन, 'पटेल—ए लाइफ', पृ. 332
10. दास दुर्गा (सम्पा.), 'सरदार पटेल्स कॉरेस्पांडेंस' 1945-50
11. दि स्टेट्समैन, कलकत्ता, 25 जुलाई, 1969
12. गांधी राजमोहन, 'पटेल—ए लाइफ', पृ. 346
13. वही, पृ. 352
14. वही।

तीसरा अध्याय : विभाजन की ओर

1. दि हिन्दुस्तान टाइम्स, 22 अक्टूबर, 1990
2. अहमदाबाद में एक आमसभा में पटेल, 21 नवम्बर, 1938, बॉम्बे क्रॉनिकल, 22 नवम्बर, पृ. 2 व 7
3. चोपड़ा पी.एन., 'दि सरदार ऑफ इंडिया', पृ. 64-65
4. दास दुर्गा (सम्पा.), 'सरदार पटेल्स कॉरेस्पांडेंस 1945-50', पृ. 108
5. वही, पृ. 153-54
6. वही, पृ. 373
7. वही, पृ. 376
8. 22 सितम्बर, 1985 के टाइम्स ऑफ इंडिया में प्रकाशित अपने लेख में डॉ. रफ़ीक़ ज़करिया ने यह उद्धरण आयशा जलाल की पुस्तक 'दो सोल स्पोक्समैन' से उद्धृत किया था। उद्धरण के साथ आयशा की टिप्पणी थी ''वे भारत को साम्प्रदायिक आधार पर बाँटने वाले व्यक्ति के शब्द नहीं हो सकते।''
9. सिंह अनीता इंदर, 'दि ओरिजिन्स ऑफ दि पार्टीशन ऑफ इंडिया 1936-47', पृ. 158
10. कोलिन्स, लारी एंड लिपेरे, डोमिनिक, 'माउंटबेटन एंड दि पार्टीशन ऑफ इंडिया', पृ. 57

11. वही, पृ. 59
12. गांधी राजमोहन, 'ऐट लाइव्स—ए स्टडी ऑफ दि हिन्दू-मुस्लिम एनकाउंटर', पृ. 174
13. पेंडेरल मून ने बन्धकों के सन्दर्भ में पंजाब के तत्कालीन प्रधानमंत्री सर सिकन्दर हयात ख़ान से यह बातचीत की थी : "अक्टूबर 1938 में एक बार सर सिकन्दर से बातचीत के दौरान मैंने जरा जोश से ही पाकिस्तान के विचार के बारे में बात की थी और उन्हें सुझाया था कि साम्प्रदायिक समस्या के समाधान का सम्भवत: यह सर्वश्रेष्ठ मार्ग होगा। सामान्यत: शान्त स्वभाव के सर सिकन्दर ने कुछ मिनट तो मेरी बात सुनी, पर फिर वे एकदम गुस्से में आ गए। उनकी आँखों में जैसे आग थी। उन्होंने कहा था : 'कैसे कह सकते हैं आप यह ? आप पश्चिमी पंजाब में काफी रह चुके हैं, और वहाँ के मुसलमानों को अच्छी तरह जानते हैं। आप समझ सकते हैं कि पाकिस्तान उनके लिए एक निमंत्रण होगा हर हिन्दू बनिये का गला काटने का।' तब मैंने बन्धकों के सिद्धान्त की बात की...हिन्दुस्तान में इतने अधिक मुसलमान हैं और पाकिस्तान में भी बहुत सारे हिन्दू होंगे। इसलिए वे बदले के डर से अपने-अपने अल्पसंख्यकों को नहीं सताएँगे। उन्होंने मेरी बात को दरकिनार करते हुए कहा, 'पश्चिमी पंजाब के बलूची और अवान हिन्दुस्तान के मुसलमानों के बारे में बिलकुल नहीं सोचेंगे। यह बन्धक-सिद्धान्त काम नहीं आएगा। दोनों पक्ष अपने-अपने बन्धकों को मार डालेंगे। उम्मीद है, फिर कभी आप ऐसी बात नहीं करेंगे। पाकिस्तान का मतलब होगा नरसंहार।' शफ़ीक़ अली ख़ान द्वारा 'टू नेशन थ्योरी—ऐज ए कन्सेप्ट, स्ट्रेटजी एवं आइडियोलॉज़ी में उद्धृत, पृ. 433-34
14. आम्बेडकर ने कहा था, "यह बात समझ में आनी बहुत मुश्किल है कि मात्र इस तथ्य से कि मुसलमान एक कौम हैं, राजनीतिक पृथकता एक सुरक्षित व युक्तियुक्त नीति कैसे बन सकती है। दुर्भाग्य की बात है कि मुसलमान यह बात नहीं समझ पा रहे कि इस नीति से जिन्ना ने उनका कितना नुकसान किया है। मुसलमानों को यह बात सोचनी चाहिए कि मुस्लिम लीग को मुसलमानों का एकमात्र संगठन बनाकर जिन्ना को क्या मिला। सम्भव है इससे जिन्ना को दूसरे नम्बर पर रहने की सम्भावनाओं को समाप्त करने में सहायता मिली हो, क्योंकि मुसलमानों में वे हमेशा प्रथम स्थान के लिए आश्वस्त रह सकते थे। पर पृथकता की इस योजना से मुस्लिम लीग मुसलमानों को हिन्दू राज से बचाने की आशा कैसे कर सकती है ? क्या पाकिस्तान उन राज्यों में हिन्दू राज स्थापित नहीं होने देगा जहाँ मुसलमान अल्पसंख्यक हैं ? स्पष्ट है, वह ऐसा नहीं कर सकता। यदि पाकिस्तान बना तो मुसलमान अल्पसंख्यक राज्यों में यही होगा। अखिल भारतीय दृष्टि से देखिए। क्या पाकिस्तान हिन्दुस्तान में रहने वाले मुसलमान अल्पसंख्यकों पर केन्द्रीय हिन्दू राज को रोक पाएगा ? स्पष्ट है कि ऐसा

नहीं हो सकता। तो फिर पाकिस्तान से क्या लाभ? सिर्फ उन राज्यों में हिन्दू राज स्थापित न होने देना जहाँ मुसलमान बहुमत में हैं, और जहाँ कभी हिन्दू राज नहीं हो सकता। इसी बात को इस तरह भी समझा जा सकता है—जहाँ मुसलमान बहुमत में हैं, वहाँ पाकिस्तान अनावश्यक है, क्योंकि वहाँ हिन्दू राज का कोई खतरा नहीं है। क्या मुसलमान लीग की राजनीति से अधिक निरर्थक राजनीति हो सकती है? मुस्लिम लीग की शुरुआत अल्पसंख्यक मुसलमानों की सहायता के लिए हुई थी और इसका हश्र बहुसंख्यक मुसलमानों की हित-रक्षा में हुआ।'' एच.वी. शेषाद्रि द्वारा 'दि ट्रेजिक स्टोरी ऑफ पार्टीशन' में उद्धृत, पृ. 235

15. 14 जनवरी, 1946 को अहमदाबाद में दिया गया पटेल का भाषण, टाइम्स ऑफ इंडिया, 15 जनवरी, 1946
16. अहलूवालिया बी.के. 'फेसेट्स ऑफ सरदार पटेल', पृ. 81
17. चर्चिल ने 10 सितम्बर, 1942 को सार्वजनिक तौर पर यह बात कही थी : ''भारतीय कांग्रेस पार्टी सारे भारत का प्रतिनिधित्व नहीं करती। यह हिन्दू जनता का भी प्रतिनिधित्व नहीं करती। यह एक राजनीतिक संगठन है, जिसे कुछ औद्योगिक व वित्तीय तत्त्व चला रहे हैं। ब्रिटिश भारत में नौ करोड़ मुसलमान हैं जो इस पार्टी से बाहर हैं और इसके विरोधी हैं। उन्हें भी आत्माभिव्यक्ति का अधिकार है; पाँच करोड़ दलित या अछूत हैं, क्योंकि उनके छूने या उनके साये मात्र से उनके हिन्दू सहधर्मी अपवित्र हो जाते हैं; भारतीय रजवाड़ों की साढ़े नौ करोड़ जनता है, जिनसे हमारी सन्धि है; सारे भारत में यह साढ़े तेईस करोड़ लोग हैं (जो कांग्रेस के विरुद्ध हैं)। इनमें ब्रिटिश भारत के वे हिन्दू, सिख और ईसाई नहीं शामिल हैं जो कांग्रेस पार्टी की वर्तमान नीति के विरुद्ध हैं। जरूरी है कि यहाँ अथवा कहीं भी इन प्रमुख तथ्यों को नज़रअन्दाज़ न किया जाए, क्योंकि इन मूलभूत तथ्यों को समझे बिना भारत की समस्या को अथवा भारत-ब्रिटेन सम्बन्धों को समझना सम्भव नहीं है।'' शफ़ीक़ अली ख़ान द्वारा 'टू नेशन थ्योरी-ऐज़ ए कन्सेप्ट, स्ट्रेटजी एंड आइडियोलॉज़ी' में उद्धृत, पृ. 435-36.
18. शेषाद्रि एच.वी., 'दि ट्रेजिक स्टोरी ऑफ पार्टीशन', पृ. 181
19. वही, पृ. 202
20. वही, पृ. 203
21. वही, पृ. 203-04
22. वही, पृ. 204
23. वही, पृ. 204-05
24. वही, पृ. 211
25. सीरवई एच.एम., 'पार्टीशन ऑफ इंडिया-लीजेंड एंड रीएल्टी', पृ. 134

26. शेषाद्रि एच.वी., 'दि ट्रेजिक स्टोरी ऑफ पार्टीशन', पृ. 10
27. जब गांधी जी को यह पता चला कि नेहरू और पटेल ने माउंटबेटन की विभाजन की योजना को गुपचुप स्वीकृति दे दी है तो वे ढंग से सो नहीं पाए थे और काफी अर्से तक परेशान रहे थे। प्यारेलाल ने लिखा है कि 1 जून, 1947 को वे सामान्य समय से पहले ही उठ गए थे और धीमे स्वर में बुदबुदा रहे थे, "आज मैं स्वयं को अकेला पा रहा हूँ। सरदार और जवाहरलाल भी यह सोचते हैं कि स्थिति का मेरा आकलन गलत है और विभाजन स्वीकार करने से शान्ति स्थापित हो जाएगी उन्हें मेरा वायसराय को यह कहना भी पसन्द नहीं आया कि यदि विभाजन होना ही है तो यह ब्रिटिश हस्तक्षेप से या ब्रिटिश शासन के अन्तर्गत नहीं होना चाहिए...उन्हें लग रहा है कि उम्र ने मुझे सठिया दिया है...शायद मैं इसे देखने के लिए ज़िन्दा नहीं रहूँगा पर यदि मेरी आशंका सही सिद्ध होती है और भारतीय स्वतंत्रता खतरे में पड़ती है, तो आने वाली पीढ़ियाँ यह जान लें कि इसके बारे में सोच-सोचकर एक बूढ़ी आत्मा कितनी परेशान हुई थी। कोई यह न कहे कि भारत के टुकड़े कराने में गांधी का हाथ था।" मेरियम, एलेन हायेस द्वारा 'गांधी वर्सेस जिन्ना—दि डिबेट ओवर दि पार्टीशन ऑफ इंडिया' में उद्धृत, पृ. 131
28. ख़ालिकुज़्ज़मान, 'पाथवे टु पाकिस्तान', पृ. 400

चौथा अध्याय : सर्वनाश

1. दास दुर्गा (सम्पा.), 'सरदार पटेल्स कॉरेस्पांडेंस-1945-50', भाग 5, पृ. 287
2. वही, भाग चार, पृ. 318
3. वही, पृ. 319
4. वही, पृ. 297
5. गांधी राजमोहन, 'पटेल—ए लाइफ', पृ. 426
6. आज़ाद ने कहा, "लगभग सभी मुसलमान अधिकारियों को भारत से ले जाने का मुस्लिम लीग का निर्णय मूर्खतापूर्ण ही नहीं, हानिकर भी था। वस्तुत: पूरे भारत की तुलना में यह मुसलमानों के लिए अधिक हानिकर था। जब विभाजन स्वीकार कर लिया गया था और पाकिस्तान बन रहा था, तो यह तो स्पष्ट था कि नए देश में मुसलमानों को हर प्रकार का लाभ मिलेगा। ऐसे में यदि कुछ मुसलमान (अधिकारी) भारत में ही रहते तो न केवल यह व्यक्तिगत रूप से उनके लिए लाभ की बात होती,

बल्कि पूरे समुदाय को इसका लाभ मिलता। यदि कुछ जिम्मेदार पदों पर मुसलमान होते तो समुदाय को आश्वासन भी मिलता और कई निरर्थक भय भी न पनपते। मैं पहले ही कह चुका हूँ कि विभाजन की ज़िद करके लीग ने एक मूर्खता की है। मुसलमान अधिकारियों के प्रति लीग का रवैया उसी तरह की मूर्खता का एक उदाहरण है।'' एच.वी. शेषाद्रि द्वारा 'दि ट्रेजिक स्टोरी ऑफ पार्टीशन' में उद्धृत, पृ. 188

7. कृष्णा बी. 'सरदार वल्लभभाई पटेल—इंडियाज़ आयरन मैन', पृ. 460-61
8. दास दुर्गा (सम्पा.). 'सरदार पटेल्स कॉरेस्पांडेंस-1945-50', भाग चार, पृ. 301-02
9. 'लाइफ एंड वर्क ऑफ सरदार वल्लभभाई पटेल,' (संकलन), पृ. 37
10. ज़करिया रफ़ीक, 'दि वाइडनिंग डिवाइड—एन इनसाइट इंटु हिन्दू-मुसलमान रिलेशंस', पृ. 87
11. वही।
12. वही, पृ. 88
13. वही।
14. चोपड़ा पी.एन., 'दि सरदार ऑफ इंडिया', पृ. 151
15. वही, पृ. 156
16. ख़्वालिकुज्ज़मान, 'पाथवे टु पाकिस्तान', पृ. 395-96
17. चोपड़ा पी.एन., 'दि सरदार ऑफ इंडिया', पृ. 150
18. वही।
19. शंकर वी., 'माय रेमिनिसेंसेस ऑफ सरदार पटेल', भाग 2, पृ. 39
20. वही पृ. 130-31
21. दास दुर्गा (सम्पा.), 'सरदार पटेल्स कॉरेस्पोंडेंस', भाग 7, पृ. 274-75
22. वही, पृ. 275
23. वही, पृ. 278
24. वही, पृ. 282
25. वही, पृ. 321-22
26. वही, पृ. 332
27. वही, पृ. 334-35
28. वही, पृ. 347
29. मेनन वी.पी., 'दि स्टोरी ऑफ इंडीग्रेशन ऑफ दि इंडियन एस्टेट्स', पृ. 378
30. शंकर वी., 'माय रेमिनिसेंसेस ऑफ सरदार पटेल', भाग 2, पृ. 38

पाँचवाँ अध्याय : प्रतिक्षेप

1. दि स्टेट्समैन, 28 दिसम्बर, 1947
2. वही, पृ. 447-48
3. वही, पृ. 448
4. गांधी एम.के., 'लेटर्स टु सरदार वल्लभभाई पटेल', पृ. 205
5. प्यारेलाल, महात्मा गांधी—दि लास्ट फेज़', भाग दो, पृ. 721
6. गांधी राजमोहन, 'पटेल ए लाइफ', पृ. 465
7. गांधी एम.के., 'कम्युनल यूनिटी', पृ. 935
8. नेहरू द्वारा उद्धृत पटेल का प्रस्ताव, 'सरदार पटेल्स कॉरेस्पांडेंस', भाग 7, पृ. 670
9. वही, पृ. 671
10. वी. शंकर (सम्पा.), 'सरदार पटेल—सेलेक्ट कॉरेस्पोंडेंस 1945-50', भाग एक, पृ. 405
11. वही।
12. वही, पृ. 406
13. वही।

छठा अध्याय : दृढ़ीकरण की प्रक्रिया

1. चोपड़ा पी.एन., 'दि सरदार ऑफ इंडिया', पृ. 99
2. वही, पृ. 67
3. वही।
4. दास दुर्गा (सम्पा.), 'सरदार पटेल्स कॉरेस्पांडेंस-1945-50', भाग पाँच, पृ. 361
5. वही, पृ. 362-63
6. मेनन वी.पी., 'दि स्टोरी ऑफ दि इंटीग्रेशन ऑफ दि इंडियन स्टेट्स', पृ. 142
7. कुछ पथभ्रष्ट मुसलमानों ने सोमनाथ के मन्दिर के जीर्णोद्धार का विरोध किया था, इनमें से एक ने निम्न शेर लिखा था जो एक प्रमुख पत्र में छपा था :

   फिर बनाया जा रहा है सोमनाथ
   इक नया महमूद फिर आने को है

सन्दर्भ और टिप्पणियाँ

अधिकांश मुसलमानों द्वारा इस शेर की व्यापक निन्दा हुई थी; कुल मिलाकर उर्दू अखबारों ने इसे शैतानीभरा एवं भड़काऊ कहकर इसकी आलोचना की थी। मन्दिर बनाने में सरदार की अहम भूमिका थी, उन्होंने यह शेर गांधी जी को दिखाया। 2 दिसम्बर, 1947 को गांधी जी ने अपनी प्रार्थना सभा में इसका जिक्र किया था। 'दिल्ली डायरी' (1 सितम्बर, 1947 से जनवरी 1948 तक की गांधी जी की प्रार्थना सभा के प्रवचनों का संग्रह) में इसका विवरण है : ''इसके बाद गांधी जी ने उर्दू के उस शेर का जिक्र किया जो एक पत्रिका में छपा था। शेर में कहा गया था कि आज सब सोमनाथ मन्दिर की बात कर रहे हैं। पर जूनागढ़ की घटनाओं का बदला लेने के लिए एक नए महमूद गज़नवी को गज़नी से आना पड़ेगा। गांधी जी इससे बहुत दुखी हुए थे। देश का कोई भी सच्चा मुसलमान ऐसी बात कैसे कह सकता है? सोमनाथ के पुनर्निर्माण से जुड़कर उसे गर्व क्यों नहीं होना चाहिए? (महात्मा ने कहा) उन्हें उम्मीद है कि महमूद गज़नवी के कामों से किसी सच्चे मुसलमान को गर्व का अनुभव नहीं हो सकता। देश में मुसलमानों की रक्षा के लिए उन्होंने अपनी जान देने की शपथ ली थी। वे अपनी इस शपथ से नहीं मुकरेंगे, क्योंकि वे बुराई के बदले भलाई करने में विश्वास करते हैं। उन्होंने हिन्दुओं व सिखों से भावनाओं में न बहने का आग्रह किया। पर उन्होंने अपने मुसलमान मित्रों से भी कहा कि वे समन्वय व मेल-मिलाप के कठिन काम को और कठिन न बनाएँ। उन्होंने कहा कि यदि वह शैतानीभरा शेर एक महत्त्वपूर्ण पत्रिका में न छपता तो वे उसकी बात भी न करते।''

8. मुंशी के.एम., 'दि एंड ऑफ एन इरा', पृ. 29
9. वही, पृ. 141
10. वही, पृ. 72
11. कैम्पबेल-जॉनसन, एलन, 'मिशन विद माउंटबेटन', पृ. 380-81
12. मुंशी के.एम., 'दि एंड ऑफ एन इरा', पृ. 237
13. गांधी राजमोहन, 'पटेल ए लाइफ', पृ. 483
14. मुंशी के.एम., 'दि एंड ऑफ एन इरा', पृ. 246
15. दास दुर्गा (सम्पा.), 'सरदार पटेल्स कॉरेस्पांडेंस 1945-50', भाग सात, पृ. 310

सातवाँ अध्याय : जिम्मेदारी और चिन्ता

1. दास दुर्गा (सम्पा.), 'सरदार पटेल्स कॉरेस्पांडेंस', 1945-50', भाग नौ, पृ. 301-02

2. गोपाल सर्वपल्ली (सम्पा.), 'एनाटोमी ऑफ ए कन्फ्रंटेशन—दि बाबरी मस्जिद। राम जन्मभूमि इश्यू', पृ. 15
3. गोपाल सर्वपल्ली, 'जवाहरलाल नेहरू—ए बायोग्राफी', भाग 2, पृ. 16
4. सिखों को बहुत कुछ झेलना पड़ा था, इसलिए पटेल उनके प्रति चिन्तित थे। उन्होंने समिति में स्वीकार किया कि "हमें सौंपी गई सबसे महत्त्वपूर्ण समस्या सिखों की समस्या है।" उनकी माँगें हैं :

   (1) कि सिखों को धर्म के आधार पर मताधिकार के माध्यम से विधायिका में अपने प्रतिनिधि भेजने का अधिकार मिलना चाहिए;
   (2) पूर्वी पंजाब की प्रान्तीय विधायिका में 50 प्रतिशत तथा केन्द्रीय विधायिका में 5 प्रतिशत स्थान सिखों के लिए सुरक्षित होने चाहिए;
   (3) दिल्ली व यू.पी. में भी उनके लिए स्थान सुरक्षित होने चाहिए;
   (4) परिगणित जाति के सिखों को अन्य परिगणित जातियों से विशेषाधिकार मिलने चाहिए;
   (5) तथा सेना में सिखों को सांविधानिक आरक्षण मिलना चाहिए।

   शंकरदास रानी धवन द्वारा 'वल्लभभाई पटेल : पावर एंड ऑर्गनाइज़ेशन इन इंडियन पॉलिटिक्स' में उद्धृत, पृ. 288-89

   लेकिन पटेल उन्हें आश्वस्त करने में सफल रहे कि स्वतंत्र भारत में उन्हें किसी भी क्षेत्र में चिन्ता करने की आवश्यकता नहीं होगी। इसके विपरीत, उनके शब्दों में, "हमें इस बात का पूरा विश्वास है कि अपनी प्रतिभा के कारण वे शीघ्र ही सम्पन्नता के उस स्तर पर पहुँच जाएँगे कि अन्य को उनसे ईर्ष्या होगी।"
5. मुंशी के.एम., 'पिलग्रिमेज टु फ्रीडम', भाग 1, पृ. 208-09
6. वही।
7. वही, पृ. 209
8. ज़करिया रफ़ीक़, 'दि वाइडनिंग डिवाइड-एन इनसाइट इंटु हिन्दू-मुस्लिम रिलेशंस', पृ. 129
9. गांधी राजमोहन द्वारा उद्धृत, 'पटेल ए लाइफ', पृ. 475
10. दास दुर्गा (सम्पा.), 'सरदार पटेल्स कॉरेस्पांडेंस 1945-50', भाग दस, पृ. 378-79
11. लोहिया डॉ. राममनोहर, 'गिल्टी मैन ऑफ इंडियाज़ पार्टीशन', पृ. 43
12. मसानी मीनू, 'ब्लिस वाज़ इट इन दैट डान', पृ. 96
13. दास दुर्गा, (सम्पा.), 'सरदार पटेल्स कॉरेस्पांडेंस 1945-50', भाग दस, पृ. 198

14. वही, पृ. 200
15. वही, पृ. 204
16. वही, पृ. 219
17. लेकिन कांग्रेस के नासिक अधिवेशन में नेहरू द्वारा दिए गए कुछ तीखे भाषणों में उनका गुस्सा सामने आ गया; इनमें से एक भाषण में टंडन की चुनाव में विजय का संकेत करते हुए उन्होंने कहा, ''यदि जनतंत्र का अर्थ अपने विवेक का भीड़ के समक्ष समर्पण है, तो भाड़ में जाए ऐसा जनतंत्र। जहाँ भी यह प्रवृत्ति सिर उठाएगी, मैं उससे लड़ूँगा। फिर भी, जनतंत्र मुझे प्रधानमंत्री पद छोड़ने के लिए कह सकता है। मैं इस आदेश का पालन करूँगा। यदि कांग्रेसी आगामी चुनावों में कुछ वोटों के लिए अपने आदर्शों को छोड़ने की बात सोचते हैं तो कांग्रेस मुर्दा बन जाएगी। मुझे ऐसी लाश की जरूरत नहीं।'' दि नेशनल हेरल्ड, 22 सितम्बर, 1950

    पटेल नेहरू से झगड़ा नहीं चाहते थे, इसलिए उन्होंने तथाकथित 'पटेलवादियों' पर हुए सारे हमलों को सह लिया। 1950 में नासिक में हुए कांग्रेस के अधिवेशन में उन्होंने गुजरात के प्रतिनिधिमंडल से कहा, ''जो जवाहर कहते हैं, करें।'' उन्होंने यह भी कहा कि नेहरू व उनके बीच मतभेदों की बातों की ओर ध्यान न दें। (जैसा कि त्रिभुवनदास पटेल ने राजमोहन गांधी से कहा 'पटेल—ए लाइफ', पृ. 526)।
18. अमरीकी पत्रकार विन्सेंट शीएन ने भी इसकी पुष्टि की है। एक दिन वे मुम्बई में पटेल से मिलने गए थे, जहाँ पटेल व नेहरू दोनों को जनता ने घेर रखा था। उस भीड़ को देखकर शीएन काफी प्रभावित हुए थे। तब पटेल ने कहा था, ''जनता मेरे लिए नहीं, नेहरू के लिए आई है।'' विन्सेंट शीएन द्वारा अपनी पुस्तक 'बायोग्राफी ऑफ नेहरू', पृ. 206 में वर्णित।
19. गांधी राजमोहन, 'पटेल—ए लाइफ', पृ. 533
20. हिन्दुस्तान टाइम्स, 16 दिसम्बर, 1950
21. कृष्णा बी., 'सरदार वल्लभभाई पटेल—इंडियाज़ आयरन मैन', पृ. 449

सन्दर्भ ग्रन्थ सूची

अफ़ज़ल इकबाल (सम्पा.), 'राइटिंग्स एंड स्पीचेस ऑफ मौलाना मुहम्मद अली', भाग 1 व 2, लाहौर, 1963

अहलूवालिया बी.के., 'फेसेट्स ऑफ सरदार पटेल', लुधियाना, 1974

अहमद जमीलुद्दीन (सम्पा.), 'स्पीचेस एंड राइटिंग्स ऑफ मि. जिन्ना', भाग 1 व 2, लाहौर, 1960-64

अली सी.एम., 'दि इमरजेंस ऑफ पाकिस्तान, न्यूयार्क, 1967

आम्बेडकर बी.आर., 'पाकिस्तान ऑर दि पार्टीशन ऑफ इंडिया', मुम्बई, 1946

अशरफ मुहम्मद, 'कैबिनेट मिशन एंड आफ्टर', लाहौर, 1947

एटली सी.आर., 'ऐज इट हेपंड', लंदन, 1954

आज़ाद अबुल कलाम, 'इंडिया विन्स फ्रीडम', कलकत्ता, 1988

अज़ीज़ के.के., 'दि मेकिंग ऑफ पाकिस्तान, ए स्टडी इन नेशनलिज़्म', लंदन, 1967

बहादुरलाल जोहरी जे.सी. (सम्पा.), स्टडी फॉर पाकिस्तान : ट्रेजिडी ऑफ दि ट्राइम्फ ऑफ मुसलमान कम्युनिलिज़्म इन इंडिया', नई दिल्ली 1988

बक्षी एस.आर., 'सरदार पटेल : हिज़ पॉलिटिकल आइडियोलॉज़ी', नई दिल्ली, 1990

बोर्ड ऑफ एडीटर्स, ए हिस्ट्री ऑफ दि फ्रीडम मूवमेंट, (1707-1947), कराची, 1957

बोलिथो हेक्टर, 'जिन्ना दि क्रियेटर ऑफ पाकिस्तान', लंदन, 1954

ब्राउन ज्यूडिथ, 'गांधीज़ राइज़ टु पावर', कैम्ब्रिज, 1972

केलार्ड कीथ, 'पाकिस्तान, ए पॉलिटिकल स्टडी', लंदन, 1942

कैम्पबेल-जोनसन एलन, 'मिशन विद माउंटबेटन', लंदन, 1952

चंद तारा, 'हिस्ट्री ऑफ फ्रीडम मूवमेंट इन इंडिया', भाग 1 से 4, नई दिल्ली, 1972

चोपड़ा पी.एन., 'दि सरदार ऑफ इंडिया', नई दिल्ली, 1995

चोपड़ा पी.एन., 'रोल ऑफ इंडियन मुसलमान इन दि स्ट्रगल फार फ्रीडम', नई दिल्ली, 1979

सन्दर्भ ग्रन्थ सूची

चोपड़ा पी.एन., 'मौलाना अबुल कलाम आज़ाद अनफुलफिल्ड ड्रीम्स', नई दिल्ली, 1990

कोलिन्स लॉरी एंड डोमिनिक लिपेरे, 'माउंटबेटन एंड दि पार्टीशन ऑफ इंडिया', नई दिल्ली, 1983

कोलिन्स लॉरी एंड डोमिनिक लिपेरे, 'माउंटबेटन एंड दि इंडिपेंडेंट इंडिया', नई दिल्ली, 1984

दास दुर्गा, 'सरदार पटेल : दि पॉलिटिशियन एंड दि स्टेट्समैन', विद्यानगर, 1972

दास दुर्गा (सम्पा.), 'सरदार पटेल्स कॉरेस्पोंडेंस 1945-50' भाग 1 से 10, अहमदाबाद, 1973

दास दुर्गा, 'इंडिया फ्राम कर्जन टु नेहरू एंड आफ्टर', लंदन 1969

दास मनमथनाथ, 'पार्टीशन एंड इंडिपेंडेंस ऑफ इंडिया', नई दिल्ली, 1972

एडवर्ड्स एम., 'दि लास्ट इयर्स ऑफ ब्रिटिश इंडिया', लंदन 1963

फ़ारूक़ी ज़िया-उल-हसन, 'दि देवबन्द स्कूल एंड दि डिमांड फॉर पाकिस्तान', मुम्बई, 1963

गांधी एम.के., 'लेटर्स टू सरदार वल्लभभाई पटेल', अहमदाबाद, 1949

गांधी एम.के., 'कम्यूनल यूनिटी', अहमदाबाद, 1965

गांधी एम.के., 'दि हिन्दू-मुस्लिम यूनिटी', मुम्बई 1965

गांधी एम.के., 'यंग इंडिया' 1919-1922, मद्रास, 1922

गांधी राजमोहन, 'ऐट लाइव्ज़ : ए स्टडी ऑफ हिन्दू-मुस्लिम एनकाउंटर', नई दिल्ली, 1986

गांधी राजमोहन, 'पटेल ए लाइफ', अहमदाबाद, 1973

गांधी राजमोहन, 'दि गुड बोटमैन-ए पोर्ट्रेट ऑफ गांधी', नई दिल्ली, 1995

घोष एस.के., 'मुसलमान पॉलिटिक्स इन इंडिया', नई दिल्ली, 1984

घोष सुधीर, 'गांधीस एमिसरी', मुम्बई, 1967

गौस मुहम्मद, 'सेक्यूलरिज़्म, सोसाइटी एंड लॉ इन इंडिया', दिल्ली, 1973

ग्लेंडन जोन, 'दि वायसराय ऐट बे' लंदन, 1971

गोपाल राम, 'इंडियन मुस्लिम्स ए पॉलिटिकल हिस्ट्री (1858-1947)', मुम्बई, 1959

गोपाल सर्वपल्ली, 'जवाहरलाल नेहरू : ए बायोग्राफी', भाग 1 व 2, मुम्बई, 1976

हफीज़ मलिक, 'मुसलमान नेशनलिज़्म इन इंडिया एंड पाकिस्तान', वाशिंगटन, 1963

हमीद एस.एस. (सम्पा.), इंडियास मौलाना : अबुल कलाम आज़ाद', नई दिल्ली, 1990

हक़ मुशीरुल, 'मुसलमान पॉलिटिक्स इन मॉडर्न इंडिया 1857-1947', मेरठ, 1970

हार्डी पीटर्स, 'पार्टनर्स इन फ्रीडम एंड ट्रयू मुस्लिम्स : दि पॉलिटिकल थॉट ऑफ सम

मुसलमान स्कॉलर्स इन ब्रिटिश इंडिया 1912-1947', लुंड, 1971

हसन मुशीरुल, 'कम्युनल एंड पान-इस्लामिक ट्रेंड्स इन कोलोनियल इंडिया', दिल्ली, 1981

हसन मुशीरुल, 'नेशनलिज़्म एंड कम्युनल पॉलिटिक्स इन इंडिया', नई दिल्ली, 1991

हसन मुशीरुल, 'इंडियास पार्टीशन प्रोसेस स्ट्रेटेजी एंड मोबिलाइज़ेशन', दिल्ली, 1993

हरेडिया सुसान, 'ए पैट्रियट फॉर मी', मुम्बई, 1972

इकराम एस.एम., 'मॉडर्न मुसलमान एंड दि बर्थ ऑफ पाकिस्तान', लाहौर, 1970

इक़बाल डॉ. जावेद, 'दि आइडियोलॉज़ी ऑफ पाकिस्तान', लाहौर, 1959

जिन्ना कायद-ए-आज़म, एम.ए., 'स्पीचेज़ एज़ गवर्नर जनरल', (पाकिस्तान-पब्लिकेशंस, एन.डी.)

कांजी द्वारिकादास, 'टेन इयर्स टू फ्रीडम', मुम्बई, 1968

कोरा उमा, 'मुस्लिम्स एंड इंडियन नेशनलिज़्म : दि इमरजेंस ऑफ दि डिमांड फॉर इंडियाज़ पार्टीशन 1928-40', दिल्ली, 1977

कीर धनंजय, डॉ. आम्बेड़कर : लाइफ एंड मिशन', मुम्बई, 1954

खालिकुज़्ज़मान चौधरी, 'पाथवे टु पाकिस्तान', लाहौर, 1946

ख़ान डॉ. शफ़ीक़ अली, 'टू नेशन थ्योरी एज़ ए कन्सेप्ट, स्ट्रेटेजी एंड आइडियोलॉज़ी', कराची, 1985

ख़ान अब्दुल मजीद, 'लीडर बाय मेरिट', लाहौर, 1946

कृपलानी जे.बी., 'गांधी : हिज़ लाइफ एंड थॉट', दिल्ली, 1970

कृष्णा बी., 'सरदार वल्लभभाई पटेल : इंडियाज़ आयरनमैन', नई दिल्ली, 1995

कृष्णा के.बी., 'दि प्रॉब्लम ऑफ मायनॉरिटीस', लंदन, 1939

कुलकर्णी वी.बी., 'दि इंडियन ट्रायम्विरेट', मुम्बई, 1969

लोहिया डॉ. राममनोहर, 'गिल्टी मैन ऑफ इंडियाज़ पार्टीशन', इलाहाबाद, 1960

लम्बी ई.डब्ल्यू.आर., 'दि ट्रांसफर ऑफ पावर इन इंडिया 1945-47', लंदन, 1954

लिन्च ओवन एम., 'दि पॉलिटिक्स ऑफ अनटचेबिलिटी', न्यूयार्क, 1969

मेनसर्ग एन. एंड लम्बी ई. डब्ल्यू. आर., 'दि ट्रांसफर ऑफ पावर', भाग 1 से 7 12, लंदन, 1970-83

मसानी मीनू, 'ब्लिस वाज़ इट इन दैट डॉन : ए पॉलिटिकल मेमोयर अपटु इंडिपेंडेंस', नई दिल्ली, 1977

मेहता ए. एवं पटवर्धन ए., 'दि कम्युनल ट्राएंगल इन इंडिया', इलाहाबाद, 1942

मेनन वी.पी., 'दि स्टोरी ऑफ दि इंटीग्रेशन ऑफ दि इंडियन स्टेट्स', मुम्बई, 1956

मेनन वी.पी., 'दि ट्रांसफर ऑफ पावर इन इंडिया', मुम्बई, 1957

सन्दर्भ ग्रन्थ सूची

मरियम एलेन हेज़, 'गांधी वर्सेस जिन्ना—दि डिबेट ओवर दि पार्टीशन ऑफ इंडिया', कलकत्ता, 1980

मिनाल्ट जी., 'दि ख़िलाफ़त मूवमेंट', दिल्ली, 1982

मोइन शकीर, 'ख़िलाफ़त दु पार्टीशन : ए सर्वे ऑफ मेजर पॉलिटिकल ट्रेंड्स अमंग इंडियन मुस्लिम्स ड्यूरिंग 1919-1947', नई दिल्ली, 1970

मून पेंडेरल (सम्पा.) 'वावेल : दि वायसरायस जर्नल', 1973

मून पेंडेरल, 'डिवाइड एंड क्विट', लंदन, 1961

मूर आर.जे., 'दि क्राइसिस ऑफ इंडियन यूनिटी 1940-1971', ऑक्सफोर्ड, 1974

मूर आर. जे., 'चर्चिल, क्रिप्स एंड इंडिया 1939-1945', ऑक्सफोर्ड, 1979

मूर आर.जे., 'एस्केप फ्राम एम्पायर', ऑक्सफोर्ड, 1983

मोस्ले लियोनार्ड, 'दि लास्ट डेज़ ऑफ ब्रिटिश राज', लंदन, 1962

मुंशी के.एम., 'दि एंड ऑफ एन इरा', मुम्बई, 1957

मुंशी के.एम., 'इंडियन कांस्टीच्यूशनल डाक्यूमेंट्स : पिल्ग्रिमेज टु फ्रीडम', मुम्बई, 1967

नन्दा बी.आर., 'गांधी : पान-इस्लामिज़्म, इम्पीरियलिज़्म एंड नेशनलिज़्म', मुम्बई, 1989

नांदुरकर जी.एम., 'सरदार्स लेटर्स-मोस्टली अननोन', अहमदाबाद, 1980

पांडे बी.एन. (सम्पा.), 'दि इंडियन नेशनल मूवमेंट-1885-1947, सेलेक्ट डाक्यूमेंट्स', लंदन, 1979

पारिख नरहरि डी. 'सरदार वल्लभभाई पटेल', भाग 1 व 2, अहमदाबाद, 1953

पटेल पी.वी., 'सरदार पटेल : इंडियास मैन ऑफ डेस्टिनी', मुम्बई, 1964

पटेल वल्लभभाई, 'फॉर ए यूनाइटेड इंडिया : स्पीचेस ऑफ सरदार पटेल, 1947-50', नई दिल्ली, 1967

फिलिप्स सी.एच. एवं वेनराइट एम.डी. (सम्पा.), 'दि पार्टीशन ऑफ इंडिया', लंदन, 1970

प्रसाद डॉ. राजेन्द्र, 'इंडिया डिवाइडेड', मुम्बई, 1947

पंजाबी के.एल., 'दि इनडोमिटेबल सरदार', मुम्बई, 1962

प्यारेलाल, 'महात्मा गांधी : दि लास्ट फेज़', भाग 1 व 2, अहमदाबाद, 1956, 1958

कुरेशी डॉ. इश्तियाक हुसैन, 'दि मुसलमान कम्युनिटी ऑफ दि इंडो-पाकिस्तान सबकांटीनेंट (1610-1947)', दि हेग, 1962

रवींद्रनाथ पी.के. (सम्पा.), 'सरदार पटेल, ए न्यू पर्सपेक्टिव', मुम्बई, 1978

सग्गी पी.डी. (सम्पा.), 'ए नेशन्स होमेज : लाइफ एंड वर्क ऑफ सरदार वल्लभभाई पटेल', मुम्बई, 1951

सैयद एम.एच., 'मोहम्मद अली जिन्ना—ए पॉलिटिकल स्टडी', लाहौर, 1962

सरीन एल.एन., 'सरदार पटेल', नई दिल्ली, 1972

सीरवई एच.एम., 'पार्टीशन ऑफ इंडिया : लीजेंड एंड रीएल्टी', मुम्बई, 1989

शेषाद्रि एच.वी., 'दि ट्रेजिक स्टोरी ऑफ पार्टीशन', बंगलूर, 1982

शंकर वी., 'माई रेमिनिसेंसेस ऑफ सरदार पटेल', भाग 1 व 2, दिल्ली, 1974 व 1975

शंकर वी., 'सरदार पटेल : सेलेक्ट कॉरेस्पांडेंस 1945-1950 भाग 1 व 2', अहमदाबाद, 1976

शंकरदास रानी धवन, 'वल्लभभाई पटेल : पावर एंड ऑर्गनाइज़ेशन ऑफ इंडियन पॉलिटिक्स', हैदराबाद, 1988

सिंह अनीता इंदर, 'दि ओरिजिन्स ऑफ दि पार्टीशन ऑफ इंडिया 1937-47', नई दिल्ली, 1987

सिंह मुबारक, 'सरदार वल्लभभाई पटेल : दि मैन ऑफ फ्यू वर्ड्स एंड मेनी ट्राइम्फ्स', लाहौर, 1945

सीतारमैया बी. पट्टाभि, 'दि हिस्ट्री ऑफ इंडियन नेशनल कांग्रेस', भाग 1 व 2, मुम्बई, 1935-47

ताम्हणकर डी.वी., 'सरदार पटेल', लंदन, 1970

तेंडुलकर डी.जी., 'महात्मा : लाइफ ऑफ मोहनदास करमचंद गांधी, भाग 1-8, मुम्बई 1951

तेंडुलकर विजय, 'दि लास्ट डेज़ ऑफ सरदार पटेल', मुम्बई, 1993

थॉमसन एडवर्ड, एनलिस्ट इंडिया फॉर फ्रीडम', लंदन, 1940

वोल्पर्ट स्टेनली, 'जिन्ना ऑफ पाकिस्तान', न्यूयार्क, 1984

ज़करिया रफीक़, 'राइज़ ऑफ मुस्लिम्स इन इंडियन पॉलिटिक्स', मुम्बई, 1970

ज़करिया रफीक़ (सम्पा.) 'हंड्रेड ग्लोरियस इयर्स', मुम्बई, 1985

ज़करिया रफीक़, 'इक़बाल : दि पोयट एंड दि पॉलिटिशियन', नई दिल्ली, 1993

ज़करिया रफीक़, 'दि वाइडनिंग डिवाइड', नई दिल्ली, 1995

ज़ीग्लर पी., 'माउंटबेटन', लंदन, 1985

✪✪✪

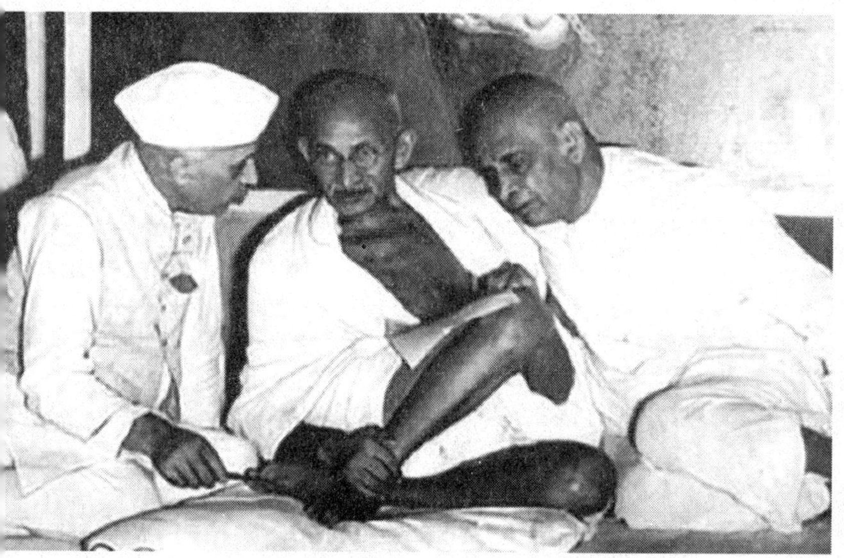

त्रिमूर्ति : गांधी जी, जवाहरलाल नेहरू तथा सरदार पटेल जुलाई 1946 में मुम्बई में हुई अखिल भारतीय कांग्रेस समिति की बैठक में अन्तरंग वार्ता करते हुए। इस विचार-विमर्श के बाद कांग्रेस ने अन्तरिम सरकार में सम्मिलित होना स्वीकार किया था।

शपथ-ग्रहण समारोह में भाग लेने वायसरीगल लाज में जाने से पूर्व बिड़ला हाउस, नई दिल्ली, में पूजा के बाद शारदा रामेश्वरदास बिड़ला से पवित्र नारियल प्राप्त करते हुए राजेन्द्र प्रसाद एवं जगजीवन राम के साथ सरदार पटेल। दूसरी पंक्ति में मध्य में एस. रामकृष्णन हैं। (2 सितम्बर, 1946)

1946 में कलकत्ता एवं नोआखली में हुए साम्प्रदायिक दंगों की जाँच के लिए गए अन्तरिम सरकार के सदस्य दमदम हवाई अड्डे पर। (बाएँ से) सरदार अब्दुर रब निश्तर, लियाक़त अली ख़ान, जवाहरलाल नेहरू, मौलाना आज़ाद एवं सरदार पटेल।

31 जनवरी, 1950 को केन्द्रीय मंत्रिमंडल के सदस्यों के साथ राष्ट्रपति राजेन्द्र प्रसाद। (बैठे हुए, बाएँ से दाएँ) बी.आर. आम्बेडकर, रफ़ी अहमद किदवई, सरदार बलदेव सिंह, मौलाना अबुल कलाम आज़ाद, जवाहरलाल नेहरू, राजेन्द्र प्रसाद, सरदार वल्लभभाई पटेल, जान मथाई, जगजीवन राम, राजकुमारी अमृत कौर, श्यामा प्रसाद मुखर्जी। (खड़े हुए, बाएँ से दाएँ) खुर्शेद लाल, आर.आर. दिवाकर, मोहनलाल सक्सेना, गोपालस्वामी आयंगर, एन.वी. गाडगिल, के.सी. नियोगी, जयरामदास दौलतराम, के. संथानम, सत्यनारायण सिन्हा एवं बी.वी. केसकर।

अखिल भारतीय कांग्रेस समिति की 1931 में इलाहाबाद में हुई बैठक में नेतागण : (बाएँ से दाएँ) महादेव देसाई, राजेन्द्र प्रसाद, शार्दूल सिंह कवीशर, वल्लभभाई पटेल (अध्यक्ष), एम.ए. अंसारी, जवाहरलाल नेहरू, मदनमोहन मालवीय, अबुल कलाम आज़ाद, जे.एम. सेनगुप्ता, पेरिनबेन कैप्टेन, मणिबेन पटेल, (मध्य पंक्ति) चौधरी खलीकुज़्ज़मां, एस.ए. बरेलवी, सैयद महमूद, पट्टाभि सीतारमैया, जयरामदास दौलतराम, शंकरलाल बैंकर, सत्यपाल, के.एम. मुंशी, पुरुषोत्तमदास टंडन, सुंदरलाल, सी. राजगोपालाचारी, उर्मिला देवी, टी.ए. शेरवानी।

सरदार पटेल, मदनमोहन मालवीय तथा महात्मा गांधी कराची कांग्रेस अधिवेशन में। (1931)

पुलिस एक्शन (1946) के बाद हैदराबाद की पहली यात्रा के अवसर पर सरदार पटेल का स्वागत करते हुए हैदराबाद के निज़ाम।

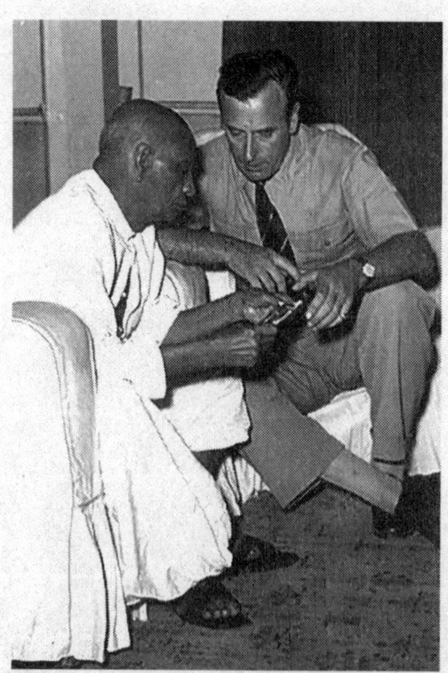

सरदार पटेल तथा लार्ड माउंटबेटन बातचीत करते हुए।

तोड़ो और छोड़ो की अंग्रेज़ों की योजना के बावजूद भारत व ब्रिटेन के सम्बन्धों में तनाव नहीं आया था। लेडी माउंटबेटन के साथ सरदार पटेल।

सरदार पटेल आचार्य कृपलानी के साथ।

सीमांत गांधी ख़ान अब्दुल गफ़्फ़ार ख़ान महात्मा गांधी के साथ।

गांधी जी तथा मोहम्मद अली जिन्ना।

अली बन्धु मौलाना मोहम्मद अली तथा मौलाना शौकत अली द्वारिका के जगद्गुरु शंकराचार्य श्री भारतीकृष्ण तीर्थ एवं डॉ. सैफुद्दीन किचलू (बैठे हुए) के साथ।

कासिम रज़वी

भोपाल के नवाब

एच.एच. आग़ाख़ाँ

शायर जोश मलीहाबादी

चौधरी खलीकुज़्ज़मां

फेडरेशन ऑफ़ इंडियन स्टुडेंट्स सोसाइटीज़ इन ग्रेट ब्रिटेन एंड यूरोप की ओर से भारतीय छात्रों के प्रतिनिधिमंडल का नेतृत्व करते हुए लेखक रफ़ीक़ ज़करिया, दिसम्बर 1946। प्रतिनिधिमंडल भारत के विभाजन का विरोध कर रहा था। ब्रिटिश प्रधानमंत्री के निमंत्रण पर नेहरू व जिन्ना सांविधानिक गुत्थी सुलझाने के लिए वहाँ आए थे। सरदार पटेल को भी इसके लिए आमंत्रित किया गया था, पर यह समझते हुए कि इसका कोई परिणाम नहीं निकलेगा, उन्होंने निमंत्रण अस्वीकार कर दिया।

भारत के संविधान पर हस्ताक्षर करते हुए सरदार पटेल। सरदार के दाईं ओर जगजीवन राम हैं। बाईं ओर हैं : डॉ. जान मथाई, राजकुमारी अमृत कौर एवं श्री प्रकाश।

सरदार पटेल सरकारी फ़ाइलें निपटाते हुए।